曹德旺传

敬天爱人，止于至善

周锡冰/著

中华工商联合出版社

图书在版编目（CIP）数据

曹德旺传：敬天爱人，止于至善/周锡冰著.--北京：中华工商联合出版社，2023.9
　　ISBN 978-7-5158-3730-7

Ⅰ.①曹… Ⅱ.①周… Ⅲ.①曹德旺－传记 Ⅳ.①K825.38

中国国家版本馆CIP数据核字（2023）第141722号

曹德旺传：敬天爱人，止于至善

作　　者：	周锡冰
出 品 人：	刘　刚
责任编辑：	于建廷　效慧辉
装帧设计：	周　源
责任审读：	傅德华
责任印制：	陈德松
出版发行：	中华工商联合出版社有限责任公司
印　　刷：	北京毅峰迅捷印刷有限公司
版　　次：	2023年9月第1版
印　　次：	2023年9月第1次印刷
开　　本：	710mm×1000mm　1/16
字　　数：	240千字
印　　张：	18
书　　号：	ISBN 978-7-5158-3730-7
定　　价：	58.00元

服务热线：010-58301130-0（前台）
销售热线：010-58301132（发行部）
　　　　　010-58302977（网络部）
　　　　　010-58302837（馆配部）
　　　　　010-58302813（团购部）
地址邮编：北京市西城区西环广场A座
　　　　　19-20层，100044
http://www.chgslcbs.cn
投稿热线：010-58302907（总编室）
投稿邮箱：1621239583@qq.com

工商联版图书
版权所有　侵权必究

凡本社图书出现印装质量问题，
请与印务部联系。

联系电话：010-58302915

目录

绪　论 //001

第1章
饥饿的童年

出生上海 //016
返回福清 //021
耳濡目染 //027
年幼辍学 //029

第2章
筹建玻璃厂

头脑风暴 //040
筹建玻璃厂 //043
解决玻璃技术制造难题 //047

第3章
合资试点

机会是给有所准备的人 //056
开启试点合资先例 //063
招聘自己想要的员工 //068
水表玻璃标准 //070

第4章
涉足汽车玻璃

洞察汽车玻璃商机 //076
上海耀华助力 //078
天时、地利与人和 //080

第5章
引进技术和设备

引进芬兰技术 //088
购买HTBS设备 //095

第6章
艰难上市

林仰波的建议 //100
改革开放的试验品 //108
艰难上市 //114

目 录

第7章
引进独立董事制度

引进独立董事，要用好独立董事 //120
董事的人格必须独立 //131
约束决策者拍脑袋 //137

第8章
联姻圣戈班

年薪200万元 //146
各取所需 //149
汇报石沉大海 //152
友好终止合作 //154

第9章
落子长春

果断出击 //160
落地长春 //163

第10章
参股万安玻璃厂

开拓西南 //170
全资持股万安玻璃厂 //172

第11章
逆风扩张

涉足高端汽车玻璃制造 //178
引进境外战略投资者 //180

第12章
状告美国商务部

成立反倾销领导小组 //188
反倾销税率降到3.04% //191
状告美国商务部 //193
反倾销硝烟再起 //195

第13章
精细化管理

控制成本 //202
预算产品成本 //207

第14章
全球布局

投资卡卢加州 //212
德国海尔布隆竣工投产 //215

第15章
不拘一格降人才

兼顾唯贤与唯亲 //224
空降职业经理人 //229
不拘一格降人才 //234

第16章
善行天下

成立"河仁慈善基金会" //241
做慈善实际上是一种修行 //248
筹建"福耀科技大学" //251

附1　曹德旺：我的时代答卷 //257

附2　曹德旺：品牌的价值与铸就 //261

大事记 //266

参考文献 //271

后　记 //277

绪 论

当改革开放大幕开启，敏锐地觉察到商业机会的闽商，凭借"爱拼才会赢""驰骋四海"的创业性格，早早地站在了改革开放大时代的潮头，他们可歌可泣的创业故事、企业管理探索故事，为中国民营企业的破冰、独立董事制度的引进、管理方式的变革等作出了巨大的贡献。

2018年10月，福耀玻璃创始人、董事长曹德旺入选由中共中央统战部、全国工商联发布的"改革开放40年百名杰出民营企业家"榜单。

与此同时，曹德旺和他的福耀玻璃赢得中外媒体诸多评价：福耀集团多年蝉联《财富》中国500强、中国民营企业500强，多次获得"中国最佳企业公民""中国十佳上市公司""CCTV最佳雇主"等社会殊荣[1]，为"新闽商""爱拼才会赢"提供新的注脚。

经过四十多年的努力，曹德旺把福耀玻璃打造成为中国本土最大的汽车玻璃生产商。

此外，经过多年的追赶，福耀玻璃在汽车玻璃市场占有率跃居全球第一，超越旭硝子。根据《东北证券》的数据显示，随着俄罗斯、美国工厂的相继投产，海外收入总额和比例稳步增长，2020年在新冠疫情的冲击下略有回调，2022年快速反弹，海外主营业务收入为128亿元，占营业总收入的46.4%，海外市场的重要性日益增加，见表1。

---

[1] 福耀官网.关于我们 [EB/OL]

表1　福耀玻璃2022年主营业务分地区情况

单位：元币种：人民币

分地区	营业收入	营业成本	毛利率（%）	营业收入比上年增减（%）	营业成本比上年增减（%）	毛利率比上年增减（%）
国内	14816056746	8948054824	39.61	21.54	28.67	减少3.34个百分点1.36
国外	12834922055	9462055375	26.28	15.93	17.02	减少0.68个百分点-2.70
合计	27650978801	18410110199	33.42	18.87	22.41	减少1.92个百分点

全球市场，福耀玻璃的主要竞争对手有三个：旭硝子、板硝子、圣戈班。其行业集中度高，CR4高达80%以上。2011—2019年，新冠疫情暴发前，福耀玻璃营业收入复合增长率高达10.1%，同期旭硝子只有3.6%，而板硝子和圣戈班为负增长。过去十年，福耀玻璃在抢占增量市场的同时也吸收了竞争对手的存量市场，在国内汽车玻璃单价要比欧洲、北美等市场价格低10%—20%的价格劣势下，2021年福耀玻璃主营业务——汽车玻璃的营业收入达213.8亿元，超越旭硝子成为行业第一[①]，见表2。

表2　福耀玻璃2021年主营业务分产品情况

单位：元币种：人民币

分产品	营业收入	营业成本	毛利率（%）	营业收入比上年增减（%）	营业成本比上年增减（%）	毛利率比上年增减（%）
汽车玻璃	21379623201	14824470800	30.66	19.16	21.89	-1.55
浮法玻璃	4029400372	2571070680	36.19	15.40	11.95	1.97
其他	1612900461	1405097297				

---

① 李恒光，史久杰.福耀玻璃研究报告：全球市占率逆市提升，高附加值汽玻加速兑现［R］.东北证券，2022-09-22.

《东北证券》认为，福耀已跃居全球第一汽玻市场占有率的依据：根据测算，福耀2021年全球出货量市场占有率约为30.51%。从汽玻销量看，福耀2021年汽玻销量1.19亿平方米，按单车玻璃用量4.1平方米估算，出货量约2900万套，约占据全球OEM+AM市场总量份额的30.51%；从汽玻营收看，福耀2021年汽玻营收213.8亿元，超越旭硝子跃居世界第一，平均汽玻单价180.5元/平方米，同比增长4%。[①]

从上述数据不难看到，福耀玻璃的高速发展，得益于海外业务的持续推进。根据《东北证券》的数据显示，2021年福耀汽玻营收同比增长约20%，超越旭硝子成为第一，同时汽玻出货量恢复至新冠疫情前水平。2021年，福耀美国公司营收39亿元，同比增长19.7%，海外业务快速修复。[②]2022年，福耀汽玻海外业务营收128亿元，同比增长15.93%。《东北证券》由此测算，福耀玻璃的汽车玻璃出货量市场占有率将达到33.8%，在中、美、欧三大车市不同程度下滑的背景下，福耀玻璃做到了逆市增长，表现优于行业。[③]

福耀玻璃的成长事实证明，在全球化的浪潮中，中国企业只有积极地拓展国际化市场，才可能更好地生存和发展下去，一旦局限在本土市场，可能很快面对跨国公司的挤压。

对于福耀玻璃如何拓展国际化市场，曹德旺在接受媒体采访时说："要走出去，首先要搞清楚你拿什么走出去，有没有这个实力？还要搞清楚你能为投资地带来什么利好？更要搞清楚走出去是不是企业发展的终极目标？"

正是带着"国际化三问"，福耀玻璃正式开启了自己的美国市场拓展之路。2016年10月，福耀玻璃在美国俄亥俄州代顿市建造了一个全球最大汽车玻璃单体工厂，并且开始投产，投资金额达到6亿美元，有雇员2500人。

---

① 李恒光，史久杰.福耀玻璃研究报告：全球市占率逆市提升，高附加值汽玻加速兑现[R].东北证券.
② 李恒光，史久杰.福耀玻璃研究报告：全球市占率逆市提升，高附加值汽玻加速兑现[R].东北证券.
③ 李恒光，史久杰.福耀玻璃研究报告：全球市占率逆市提升，高附加值汽玻加速兑现[R].东北证券.

让人们没有想到的是，在此之前，福耀玻璃在美国市场已经拓展了22年。

20世纪90年代，经过几年的积累，一部分中国企业开始崭露头角，有的企业已经不满足中国本土市场，开始把目光投向更为广阔的全球化市场。1994年，曹德旺看到美国庞大的汽车市场，在位于美国的南卡罗来纳州（South carolina）创建了福耀玻璃美国GGI公司，销售福耀玻璃生产的汽车玻璃。

曹德旺之所以拓展美国市场，是因为当时他觉察到美国汽车玻璃销售的高额利润率。当然，发现这个秘密的并非曹德旺一人，加拿大TCG公司先于福耀玻璃发现这个市场。更为重要的是，TCG公司在美国的汽车玻璃业务蒸蒸日上，其汽车玻璃每平方米进货价格为25—30美元，销售价格却是50—60美元，利润率高达100%。

虽然曹德旺的想法很好，但是美国却有自己的"市场特色"，福耀玻璃美国GGI公司自从创建后一直处于亏损。不得已，曹德旺在1998年关闭了美国GGI公司。

面对如此败局，一向信心满满的曹德旺想找出问题所在，于是亲自到美国调查GGI公司亏损的真正原因。经过市场调查和客户走访，曹德旺发现，美国GGI公司亏损的原因是缺乏规模效应。

曹德旺说："玻璃从中国运到美国后，从码头到仓库，拆卸、分包、装运、卸载，每一个环节，都有人工费用、运输费用的发生。如果体量够大，网点够多，这些费用就会被分解。"他直言，加拿大TCG公司之所以能够赚钱，是因为其自身的规模效应。

首次国际化尝试失败并未改变福耀玻璃继续拓展国际化市场的决心。随着中国加入世界贸易组织，2004年，曹德旺再次拓展美国市场。此次福耀玻璃把战略重点还是放到美国南卡罗来纳州，以此作为根据地筹建福耀玻璃北美分公司，主要业务是销售汽车玻璃。有着第一次失败的教训，福耀玻璃调低了其在美国市场的期望，2004—2010年依旧亏损，直到2011年，福耀玻璃北美分公司才开始盈利。

福耀玻璃在北美市场的盈利使其再次加码投资海外市场。2014年3月17日，福耀玻璃独资组建福耀玻璃美国公司，该公司是获奥斯卡最佳纪录长片《美国工厂》中的主角。据公开资料显示，福耀玻璃美国公司注册资本1.6亿美元。同年，福耀玻璃美国公司再次成立了两家子公司——福耀玻璃伊利诺伊公司和美国C资产公司。

根据福耀玻璃的财报数据显示，福耀玻璃美国公司成立后至2016年一直处于亏损当中，2017年开始扭亏为盈，实现净利润508.23万元；2018年，实现净利润约为2.46亿元；2022年，实现净利润为3.45亿元。

对于福耀玻璃拓展美国市场一事，2016年12月，曹德旺在接受媒体采访时介绍说道：

"其实外面建厂还没有销售，占比2%、3%不到。我们在国内的产量出口到其他国家（和地区）占销售总额的35%，65%的福耀玻璃是卖给国内的汽车厂商。中国汽车产商70%是我的玻璃。你说我跑出去，把那些汽车产商丢下不管，那我跑出去干什么呢？"

曹德旺投资美国市场，理由如下：第一，美国是全球最大的汽车消费市场；第二，美国是全球最大汽车生产、研发市场；第三，环境；第四，就近建厂原则。曹德旺说："我在美国建厂是20年前开始。美国项目开通的时候，在天津的项目也开通。我们做玻璃的，都随着汽车厂走。汽车厂去哪里，我们就跟到哪里。"

在曹德旺的精心经营下，尽管困难重重，但是福耀玻璃依旧克服了重重困难，福耀美国公司由此成为福耀玻璃全球化市场的一个利润来源。

随着海外市场的加速拓展，福耀玻璃海外市场的营收占比逐年增加。根据《每日经济新闻》的报道，从2008年剥离建筑级玻璃业务开始，福耀玻璃越来越重视海外业务，海外市场收入占比开始逐步上升。2018年，福耀玻璃的海外市场收入已占41.8%，2020年占45.1%，2021年占46.9%，2022年占46.4%。

福耀玻璃海外收入占比的增加，与福耀玻璃自身的国际化战略布局有关。自从2007年以来，福耀玻璃先后设立了福耀韩国、福耀日本、福耀欧洲和北美配套等子公司。其中，福耀韩国和福耀日本主要是做销售业务，而福耀欧洲则是生产型企业。截至2023年7月，福耀玻璃的投资已经遍布全球，在美国、俄罗斯、德国、日本、韩国等11个国家和地区建立现代化生产基地和商务机构，并在中美德设立6个设计中心，全球雇员约2.7万人。

上述数据已经表明，曹德旺的全球化战略已经取得成效。而这一切，就得从曹德旺的创业经历开始讲起。

1978年5月11日，《光明日报》在其头版刊发了一篇名为《实践是检验真理的唯一标准》的文章，由此引发了一场关于"真理标准问题"的大讨论。

1978年12月18日—22日，中国共产党十一届三中全会在北京举行。全会中心议题是讨论把全党工作重点转移到社会主义现代化建设上来。其后，轰轰烈烈的改革开放自此拉开序幕。

地处东南沿海的福建，一大批浸润在浓厚商业文化中的闽商感知"春江水暖"，他们已经嗅到改革开放的巨大商业契机，虽然无法彻底突破当时较为沉闷的政策桎梏，但是"敢为天下先"的"重商传统"帮助人们加速打破政策藩篱，开始迎接冰封解冻的商业之春。

1976年，30岁的曹德旺做出一个大胆的决定，他居然动员公社领导筹建乡镇企业——高山异型玻璃厂，甘愿做一名推销员兼采购员，而且还是一名临时工，但是曹德旺却十分出色地完成自己的任务，甚至还肩负企业顾问的角色。

早在改革开放前，福建农村就创办了一些社队企业。据《晋江市志》记载，至1978年，晋江社队企业已达1141家，其中社办企业143家，队办企业（含挂靠企业）998家，就业人数5万多人；总产值4212万元，占全县工业总产值的17.6%，为此后晋江乡镇企业的发展奠定了初步的基础。

随着改革开放的深入推进，个体工商户和私营企业如雨后春笋般茁壮成长，这无疑冲击了那些墨守成规的乡镇企业，高山异型玻璃厂就是这样的乡镇企业。很快，屡屡亏损的高山异型玻璃厂就陷入濒临倒闭的境地。

几经商讨，高山镇领导层决定，由曹德旺牵头，和几个合伙人一起承包高山异型玻璃厂。承包当年即扭亏为盈，曹德旺正式地登上中国企业经营的舞台。在父亲曹河仁的言传身教中，曹德旺深知，只有注重长期战略规划，才能赢得市场。

然而，曹德旺在战略规划上与合伙人产生了严重分歧，这成为合伙人与曹德旺分道扬镳的导火索。客观来讲，作为投资者，合伙人的做法并无不当，只是没有想过或者真正想把"高山异型玻璃厂"做强做大，甚至是百年老店。

在潮起潮落的创业过程中，创始人虽然担心政策风险对经营的影响，但是他们的精准判断和敢想敢干成为自己成功的注脚。

事实证明，在关键时刻，那些功成名就的企业家，依旧能够洞察到大局变化和各种风险的边界。对此，《21世纪经济报道》以"您认为创始人和掌舵者的个人魅力在企业发展中有什么作用"为提纲采访了福耀创始人曹德旺。

曹德旺直言，创始人起到的是灵魂作用。曹德旺说："我是福耀玻璃董事长，我总觉得企业成功必须有自信。第一个是政治自信。所有人都得讲政治，企业家的政治就是敬天爱人。敬天就是遵纪守法，遵章纳税；第二个是行为自信。敢作敢当，敢于感恩，敢于挑战；第三个是文化自信。要有信仰，要培养悲悯心、同情心、善心，信仰可以带来很多的知识和智慧；要有足够的从业经验；要有渊博的知识，无论是财务会计还是采购销售。爱人就是爱员工、爱供应商、爱客户、爱股东，保护他们的利益，你做到了人家就会尊重你；第四个就是能力自信。能力要足够支持决策管理，就是老子讲的德要配位。"

与其他创业者不同的是，虽然当时的环境遭遇诸多不确定性，但是曹德旺却坚信，既然国家制定改革开放政策，大的方向是不会变化的。

相比几位合伙人，曹德旺看得更高、站得更远：不仅仅考虑当下的盈利，更愿意接受多方共赢的合作机制，并不断研究海量市场背景下的竞争格局。

关键时刻，方显英雄本色。立志把企业做强、做大的曹德旺踏着改革开放的春风，把准时代的脉搏，顺时而动、顺势而为，从无到有、从小到大，书写了中国汽车玻璃登上世界之巅的神话，同时也为40多年改革开放史留下了精彩的一页。即使是难以进入的美国市场，福耀玻璃依旧大放异彩，其美国工厂甚至被拍成纪录片而广为人知。

2019年8月21日，纪录片《美国工厂》（American Factory）在全球正式上映，获得中美观众的一致好评。让观众吃惊的是，制片人竟然是美国第44任总统贝拉克·侯赛因·奥巴马（Barack Hussein Obama）夫妇。

该纪录片以福耀玻璃创始人曹德旺在美国创建福耀玻璃工厂，期间遭遇中美文化分歧、美国工会等问题的故事为主轴，福耀玻璃通过人才本土化、智能化工厂、拿起法律武器等办法，解决了福耀玻璃遭遇的诸多跨文化管理难题。

曹德旺不一样的洞察力，使福耀玻璃美国工厂开花结果。当疫情蔓延全球时，福耀玻璃的业绩虽然受到影响，但是增长依旧强劲。2023年3月，根据福耀玻璃发布的财报数据显示，2022年公司合并实现营业收入280.99亿元，比上年同期增长19.05%；实现归属于上市公司股东的净利润47.56亿元，比上年同期增长51.16%。相比2020年，2021年的营业收入突破236亿元；2022年的营业收入突破280亿元。

2021—2022年，福耀玻璃股价出现较大幅度的上涨，其关键的原因还是公募基金大幅加仓。Wind数据显示，2019年底，公募基金总计持有福耀玻璃约4.4%的股份，至2020年底，公募基金对福耀玻璃的持股比例上升至了10.33%。《每日经济新闻》记者赵李南注意到，不少卖方研究机构对未来的汽车玻璃行业将普及"全玻璃天幕车顶"、HUD前挡风玻璃及其他多功能性的汽车玻璃充满了期待。国信证券在一份研究报告中认为，一方面汽车玻璃单车面积有50%的提升空间（$4m^2$/车—$6m^2$/车）。另一方面，HUD、智能调光、5G天线等功能带来单平方米价值量提升，有2倍—3倍的提升空间

（150元/m²—400元/m²）。①

随着5G通信技术的普及，汽车玻璃的研发方向也会与时俱进。福耀玻璃介绍说："当前汽车市场进入需求多元、结构优化的新发展阶段，汽车朝着'电动化、网联化、智能化、共享化'趋势发展，越来越多的新技术也集成到汽车玻璃中，对汽车玻璃提出新的要求，同时也为汽车玻璃行业的发展提供了新的机遇。新技术的运用，推动汽车玻璃朝着'安全舒适、节能环保、造型美观、智能集成'方向发展，附加值在不断地提升。"

回顾改革开放40多年，曹德旺和他的福耀玻璃仅仅是中国民营企业，尤其是福建企业崛起的一个缩影，更为重要的是，曹德旺等一批福清企业家创建了"福清模式"。

所谓"福清模式"，是指"以林文镜、林绍良为代表的福清籍印尼华侨，在福清相继创办了融侨经济技术开发区、元洪投资区以及江阴经济开发区等工业园区；在林文镜的牵头下，以冠捷电子为代表的台商入驻福清。由是，以侨引侨、以侨引台，利用侨资侨力推动经济社会发展的'福清模式'逐渐成形。在侨台港外联合开发的开放格局下，原本工业基础薄弱的福清，在电子信息和汽车配件制造等行业逐渐形成领先优势。在这里，诞生了全球规模最大的汽车玻璃专业供应商福耀玻璃，以及全球最大的显示器生产商冠捷电子。"②

"福清模式"的特点更体现在外向经济模式上，福耀玻璃就是最为典型的代表。1994年，福耀玻璃已经开始拉开全球化市场的序幕。与"福清模式"遥相呼应的是"晋江模式"，所谓"晋江模式"，是指改革开放之初，晋江创业者们从"三闲起步""三来一补"展开的创业模式。1986年，著名社会学家费孝通将其总结为"晋江模式"。历经40多年的发展，晋江已经拥有近

---

① 赵李南.福耀玻璃交2020年成绩单：净利润降10.27%，仍看好汽车玻璃发展空间［N］.每日经济新闻.
② 《闽商》杂志社采编中心.跨越40年闽商创业史［M］.厦门：厦门大学出版社，2019：序言001–008.

5万家民营企业，46家上市公司等等。在这里，闽商坚守实体经济，打造出纺织服装、制鞋2个超千亿，建材陶瓷、食品饮料、纸制品等5个超百亿制造业集群；从代工起步，晋江闽商打造了安踏、特步、361°、贵人鸟、七匹狼、劲霸、柒牌、利郎、盼盼、亲亲、雅克、蜡笔小新、心相印、七度空间、安儿乐等许多具备优秀创新能力与核心竞争力的民族品牌。[①]

无论是"福清模式"，还是"晋江模式"，都推动了中国企业积极地参与全球化市场竞争，提升了中国企业自身的竞争力，同时拉动中国经济的高速增长。随着改革开放的深入，中国民营企业正在茁壮地成长，其规模也正在不断地扩大。2018年11月1日，中共中央总书记、国家主席习近平在民营企业座谈会上，充分肯定了民营经济的重要地位和作用。习近平总书记说道："今年是改革开放40周年。40年来，我国民营经济从小到大、从弱到强，不断发展壮大。截至2017年底，我国民营企业数量超过2700万家，个体工商户超过6500万户，注册资本超过165万亿元。概括起来说，民营经济具有'五六七八九'的特征，即贡献了50%以上的税收，60%以上的国内生产总值，70%以上的技术创新成果，80%以上的城镇劳动就业，90%以上的企业数量。在世界500强企业中，我国民营企业由2010年的1家增加到2018年的28家。我国民营经济已经成为推动我国发展不可或缺的力量，成为创业就业的主要领域、技术创新的重要主体、国家税收的重要来源，为我国社会主义市场经济发展、政府职能转变、农村富余劳动力转移、国际市场开拓等发挥了重要作用。长期以来，广大民营企业家以敢为人先的创新意识、锲而不舍的奋斗精神，组织带领千百万劳动者奋发努力、艰苦创业、不断创新。我国经济发展能够创造中国奇迹，民营经济功不可没！"

---

① 《闽商》杂志社采编中心.跨越40年闽商创业史[M].厦门：厦门大学出版社，2019：序言001–008.

第1章

饥饿的童年

经过多年的发展，福耀玻璃已经成为一家布局全球的跨国集团，即使遭遇新冠疫情和逆全球化等多重因素的影响，但是福耀玻璃的业绩依旧卓然。福耀玻璃2022年年报数据显示，2022年实现营业总收入280.99亿元，同比增长19.05%；归母净利润47.56亿元，同比增长51.16%。凭此业绩，福耀玻璃跻身"2022年福建省制造业民营企业50强榜单"12名（见表1-1），"2022福建企业100强榜单"43名。

表1-1 "2022年福建省制造业民营企业50强榜单"前12名

排　名	公司名称
1	青拓集团有限公司
2	宁德时代新能源科技股份有限公司
3	福建大东海实业集团有限公司
4	恒申控股集团有限公司
5	永荣控股集团有限公司
6	安踏体育用品集团有限公司
7	福州中景石化集团有限公司
8	福建省金纶高纤股份有限公司
9	三宝集团股份有限公司
10	福建百宏聚纤科技实业有限公司
11	福建圣农控股集团有限公司
12	福耀玻璃工业集团股份有限公司

福耀玻璃能够取得如此业绩，与创始人曹德旺的闽商精神有关，同时也与福建的地理环境有关。回顾中国历史不难发现，依山傍海的地理环境，闽商为了求生存与发展，不得不把目光放到大海上，由此"以海为田"。"海"就这样植入闽商的基因中。有的闽商开始漂洋过海，辐射到南洋，随后掀起了一轮又一轮的"下南洋"热潮，数以万计的闽商开始向东南亚、欧美等地扩散，即使在今日，势头仍没有减弱的迹象。

与此同时，有的闽商一路向北，在东北留下商贸的印记，有的闽商把福建的纸张、木材、染料等土产贩运到江南，促进了上海早期的商业化建设。有的闽商沿着海洋，向外扩张，造就了泉州这一宋元时期的东方大港，也成就了明清时期驰骋海上的郑氏集团。[①]

当赶海已经融进闽商的血液里时，一旦有适当的土壤，闽商就像被唤醒的种子生根萌芽。当1978年中国改革开放的春雷响起时，数以万计的闽商倍感兴奋，他们觉察到创业春天的来临，踏着改革开放的热浪，以自己"敢为人先、能商善贾"的特质，克服夹缝求生存，创业维艰，政策关卡等困难，义无反顾地谱写了自己与众不同的商业经营之歌。

在这一代创业者中，曹德旺不甘落后，果敢地与先辈们一起站在改革开放的浪头，敢想敢干地搏击商海。1979年，33岁的曹德旺对外是福建省福清市高山异型玻璃厂的销售员，殊不知，曹德旺却是该厂创办的召集人。毫不夸张地说，没有曹德旺，就没有高山异型玻璃厂的筹建。

筹建高山异型玻璃厂之前，曹德旺跟父亲、商贾大咖曹河仁做过烟丝等生意。由于种种原因，在我国有一段时间曾经禁止个体经商，心有凌云壮志的曹德旺只能就此作罢，蛰伏起来，静待时机。

当然，曹德旺之所以拥有如此敏锐的市场嗅觉，与其经商世家有关。公开的信息显示，曹德旺的曾祖父曹公望，是福清当地有名的乡绅，同时

---

① 《闽商》杂志社采编中心.跨越40年闽商创业史［M］.厦门：厦门大学出版社，2019：序言001-008.

也是福清的首富。曹德旺的父亲曹河仁也是名副其实的富商巨贾，作为当时上海永安百货的股东之一，曾在20世纪三四十年代傲立于上海商界。

在曹河仁的基础之上，作为"富二代"的曹德旺与上海这座城市紧紧相连。1946年5月，曹德旺出生在上海。即使在创业生涯中，上海都是曹德旺绕不过去的关键词：曹德旺奔走呼号创建的高山异型玻璃厂遭遇技术难题，他亲自奔赴上海求援；曹德旺更改赛道，涉足汽车玻璃，上海耀华提供设备和人才，助力曹德旺走向更高的赛点。

出生上海

1946年5月，来自福建的大财商、永安百货公司①股东之一的曹河仁家添了一个男丁，他就是数十年后为中国汽车玻璃制造而生的、傲视全球的汽车玻璃大王曹德旺。

时局的动荡加剧了物价的飞涨，成千上万的民众生活水平急剧下降，甚至温饱都难以为继，经济状况更加拮据。作为商人之家的曹家，作为男丁的曹德旺的降临，给曹家人些许欣慰。但是为了应对时局动荡等诸多不确定性，曹河仁忙得连自己儿子的名字都顾不上起。

恶化的上海营商环境，导致成千上万的百姓与上海市政府的冲突更加激烈，甚至达到不可调和的地步。1946年12月1日，延安《解放日报》大篇幅地刊载了这样一则报道："国民党当局，惨无人道，不顾民众死活，致使国统区人民饥寒交迫。自今年7月起，又对上海之摊贩实行打压，禁止经营。上海摊贩及各界民众奋起反抗，至11月30日止，当局出动大批警察武力镇压，迫害抗命之群众，当日有小贩七名中弹毙命，受伤者甚众。"同年12月2日，延安《解放日报》继续刊载相关文章。引自路透社的报道称："全日军警向群众开枪至少在一百排以上。在军警屠刀下死伤的人数尚无法统计，至低限度死十人，伤百余人。"②

随着《解放日报》、美联社、路透社、《申报》《新闻报》《文汇报》《大公报》《正言报》《联合晚报》等媒体的详尽报道，上海军警向民众开枪的新闻迅速传遍世界各地，络绎不绝的声讨如潮水般涌来。

---

① 1918年9月5日，上海永安百货由原在澳大利亚悉尼经营水果批发的香山（今广东中山市）华侨郭乐及其弟郭泉创建。1956年，永安公司完成公私合营，改为中百十店，1988年更名为华联商厦。

② 姚胜祥.1946年上海摊贩抗争运动始末［J］.党史文苑：纪实版，2007（06）：51-54.

在民变蜂起的境遇下，民众自然无力在大商场、大超市、大公司等正规渠道购买合格商品。既然无力购买新货，刚性需求迫使上海民众不得不开始选择购买"便宜货"，甚至是旧货。

需求的产生，催生了大批生活没有着落的市民和进城逃荒的农民开始做一些小生意。当他们洞察到市场需求后，便开始从不同的渠道收购、收集旧货，以此来赚取差额。

在当时，抗日战争才刚刚结束，遍及上海各地的摊贩们，通常贩售的都是一些走私的美国商品、贪官污吏变卖的日伪物资，以及破产工厂、商店倾销的积压货物和抗战结束后部分家庭迁徙的旧货。[①] 例如，针头线脑、零食、家具、电器等，其品种繁多，花样齐全，加上价格较低，异常畅销，刺激了旧货行业的高速发展。加之摆摊设点的摊主没有固有场所，经营流动性较大，同时销售的方式也灵活多变，迅速吸引了绝大多数购买者，上海摊贩行业获得了空前的繁荣，甚至成为上海民众生活中不可缺少的一种购买渠道。

然而，灵活的经营模式和低廉的价格必然冲击一些大商场、大超市、大公司的正规商店的经营，加速了大商场、大超市等企业的倒闭。在摊贩行当的兴起下，整个上海的正规商店陷入了空前的经济危机中。

1947年，上海的境况并没有好转，纸币疯狂贬值，迫使很多人抢购黄金。公开资料显示，1948年12月—1949年1月，国民政府决定每个人可以兑换40克黄金。1948年12月，此消息一传出，数以千计的人们排队兑换黄金。在等待的过程中，有十人因为拥挤致死。

当时在中国游历的法国摄影师亨利·卡蒂埃·布列松（HenriCartier-Bresson，1908年—2004年8月3日）就拍摄了真实的情况。

纸币贬值、时局动荡等多种因素叠加，很多居住在上海的商人开始举家搬迁……

[①] 宋波.1946年上海摊贩抗争事件研究［D］.上海师范大学，2010.

面对诸多的抉择，曹德旺的父亲曹河仁却选择了一条与众不同的路。

经过协商，曹河仁夫妇决定，先将家产运回福建老家。为了落实这个想法，曹河仁专门购买了一艘机动铁壳船装载其所有家产。曹家的六口人则乘坐客轮返回福建高山镇曹厝村，该村位于福建省福清市，被称为"海滨邹鲁、文献名邦"。地少人多，很多福清人远渡重洋，曹河仁就是其中一位。

曹氏家族在当地也称得上名副其实的望族，曹德旺介绍，"曾祖父曹公旺就曾是福清的首富"。曹德旺在接受采访时提到，曹公旺的墓地占地很大，位于曹德旺家院子的后面，四周长满了很多野花。小时候的曹德旺，常到曹公旺的墓地一带玩耍。

与众多家族类似，曹公旺辛苦积攒的家业也遭遇传承难题，到了曹德旺的爷爷这一辈，家业逐渐衰微，直至破落。

基于此，振兴家业的重担落在曹德旺的父亲曹河仁身上。年轻的曹河仁与其他乡邻一样，跟随其舅舅东渡日本当学徒，并开始了自己的学徒生涯。

达到日本后，曹河仁的舅舅虽然在日本开设布店，但是并没有把曹河仁安排在自家店中，而是特地把曹河仁介绍到一个日本老板开设的布店中当学徒。

在当学徒的第一年中，曹河仁的日常工作都是杂活，比如煮饭、炒菜、挑水、倒马桶、倒尿壶等。吃的饭菜大都是布店老板一家剩下的。

吃过饭后，曹河仁接受布店老板严格的学徒训练：面对镜子，练习走路、微笑、鞠躬的正确姿势，以及说话的口型。在训练过程中，曹河仁一直练到让布店老板认可后才能休息。

与第一年不同，学徒第二年，布店老板安排曹河仁挑着布匹到乡下去贩售。就像现在还能看到的货郎担，挑着担子货，边走边叫卖，有时将担子搁在路边，边卖边吆喝。

学徒第三年，布店老板安排曹河仁到店里接待顾客，同时教给曹河仁如何站在柜台内接待客人，以及如何进货和出货。

三年学徒期满后，曹河仁已经顺利出师。布店老板告知曹河仁："我教给你的，你都已经学会了，现在你可以离开我，去开自己的店了。"

曹河仁的学徒生涯与1949年前诸多家族企业培养路线类似，学徒到掌柜，需要几年，甚至是十多年。学徒制度在中国晋商的历史较为久远，"其成败得失，皆系乎人，人存则举，人亡则废"。由此可见，晋商商号大部分职员要从学徒做起："商事尚无学堂，必须投入商号学习，故各种商号，皆收徒弟。"据了解，学徒需要经过三个阶段学习：（1）打杂伺候掌柜，通过平时表现判断其为人处世；（2）训练其基本技能，优秀的可让其去跑街；（3）掌柜口授，掌握一定的业务能力。此外，晋商还实行严格的道德培养和训练。①

系统的商业训练不仅培养学徒以客户为中心，同时还可以顺畅地知道流程管理中的细节问题。正因如此，尽管时隔多年，曹河仁依旧心怀感恩，他经常告诉曹德旺，其前半生很感谢布店老板当年的教导和培养，其良苦用心多年才明白。曹河仁说："他第一年是练我身骨，第二年教我吃苦，第三年才授我真技。"

当曹河仁告知年幼的曹德旺这些商业智慧时，曹德旺刚开始无法理解，理由是，父亲第一年的学徒生活做的都是"粗活、脏活，甚至连帮佣都不如"。但是，让曹德旺吃惊的是，曹河仁向曹德旺叙述自己的这段学徒经历时，没有一句抱怨，甚至称这是学徒理所当然要承受的锻炼。

当曹德旺自己经历了诸多苦难后，终于明白了这个道理——"苦其心志，劳其筋骨"，而且还从基础开始一步一步地累积做人、经商等经验。

结束三年学徒生活后，曹河仁离开日本人开设的布店，回到曹河仁的舅舅所开的布店做店员。1936年，受母亲之命，曹河仁回老家曹厝村奉命成亲。

1937年，日本侵略军发动卢沟桥事变，正打算东渡日本经商的曹河仁改变了自己的行程，扎进了梦幻缤纷的上海滩。

---

① 高启强，从鱼贩到黑老大的组织管理学［EB/OL］.

其后，曹河仁的舅舅把当年的十万日元薪资都汇给他，按照20世纪30年代的汇率，日元比美元更高。正是因为这笔巨款，曹河仁投资了很多项目。曹河仁经商得法，投资著名的上海永安百货公司，成为一名股东。

返回福清

1947年，曹河仁决定举家迁徙。曹德旺的母亲陈惠珍抱着一岁的他，从上海回到福清老家。

然而，曹河仁乘坐的客轮抵达马尾港多日后，依旧不见另一艘货船靠岸。经过多方打听，曹河仁才知道，载着自己半生为商积累的财富的铁壳船在从上海返回福建的途中遇到大风暴沉没了。

在此阶段诸多沉船事件中，发生于1949年1月的"太平轮事件"影响较大。公开资料披露，太平轮是中联轮船公司的一艘豪华货轮，排水量2489吨。

关于中联轮船公司，这还得从1938年谈起。1938年，三个浙江老乡周曹裔、马斯才和龚圣治在上海兴办了建中公司。1943年，建中公司改名为中联公司。不久后，宁波人周庆云、蔡天铎入股。周曹裔是大股东，全面负责，马斯才负责人事，周庆云负责财务，蔡天铎负责船务，龚圣治身体不好，不多参与公司经营。中联公司拥有两艘船，分别是客货两用的"安联轮"和货船"华联轮"。因货运量增大，中联公司于1946年12月向太平船务公司短期租借了客货两用、可装2050吨的"太平轮"，日租费300美元。1948年7月14日起，改为长期租用，月租费7000美元。"太平轮"原是第二次世界大战中的运输货轮，中联公司租来后，开始航行于上海和基隆间。"太平轮"分为头等舱、二等舱、三等舱等，投入营运是作为交通船。[1] 1948年11月，随着战事愈演愈烈，国民政府南迁的决定已不是秘密。许多商人、官员等跟着逃离。为了能够尽快离开，他们很多人用金条换取舱位，或靠关系挤上早已客满的"太平轮"，原预计16时出发，因等待装运中央银行的

---

[1] 陈国庆，陈格欣.太平轮没有走完的航程［N］.中国保险报.

一批银元，延至18时才启航。

1949年1月27日（农历除夕前一天），"太平轮"搭载"最后一批乘客"，总共近1000人（有票乘客508人，船员124名，无票者约300人），另载有沉重货物，包括600吨钢条、东南日报印刷器材与白报纸100多吨、中央银行重要文件1000多箱、迪化街订购的南北货等。

由于延迟启航，夜间航行的"太平轮"试图逃避宵禁，关闭了航行灯。23时45分，当"太平轮"航行在舟山群岛海域的白节山附近（北纬30°25'，东经122°）时，与一艘载着2700吨煤矿、木材的名叫"建元轮"的货船相撞。5分钟后，"建元轮"沉没，船上72人溺亡，只有3人被救起。15分钟后，太平轮也沉没。罹难者超过900人，只有38人（6名船员）被澳大利亚军舰救起，死者大多是有名望、富商级的人物。

"建元轮"隶属于建元轮船公司，其前身是1919年由挪威建造的法国货轮，名为埃塞（Oise）号。后几经转卖和改名，于1948年由位于中国上海的建元轮船公司购入，改名建元轮。建元轮船公司的主要股东是无锡面粉大王荣氏家族的荣鸿元。

不难发现，发达的船运业，让曹河仁看到了商机。想当初，曹河仁购买一艘铁皮船的目的有两个：第一，把自家的家产运送回高山。第二，把船租给他人跑运输。

然而，此次变故不仅毁掉的是曹河仁几十年积累的家业，更是毁掉他东山再起的资本。当曹河仁携妻儿回到曹厝村时，全村人依旧敬重他。

在曹厝村，族人从来都是按照辈分来称呼，尤其像曹河仁这样的贤达，族人更不会直呼其名，所有族人都按照乡土社会形成的文化逻辑，规规矩矩地按照辈分尊称。族人之所以这样称呼，一方面是因为曹河仁在族中的辈分较高。费孝通坦言："我们的社会结构本身和西洋的格局不相同的，我们的格局不是一捆一捆扎清楚的柴，而是好像把一块石头丢在水面上所发生的一圈圈推出去的波纹。每个人都是他社会影响所推出去的圈子的中心。被圈子的波纹所推及的就发生联系。每个人在某一时间某一地点所动用的圈子是不一定相同的。"

费孝通解释道:"我们社会中最重要的亲属关系就是这种丢石头形成同心圆波纹的性质。亲属关系是根据生育和婚姻事实所发生的社会关系。从生育和婚姻所结成的网络,可以一直推出去包括无穷的人,过去的、现在的和未来的人物。我们俗语里有'一表三千里',就是这个意思,其实三千里也不过指其广袤的意思而已。这个网络像个蜘蛛的网,有一个中心,就是自己。我们每个人都有这么一个以亲属关系布出去的网,但是没有一个网所罩住的人是相同的。在一个社会里的人可以用同一个体系来记认他们的亲属,所同的只是这体系罢了。体系是抽象的格局,或是范畴性的有关概念。当我们用这体系来认取具体的亲戚时,各人所认的就不同了。我们在亲属体系里都有父母,可是我的父母却不是你的父母。再进一步说,天下没有两个人所认取的亲属可以完全相同的。兄弟两人固然有相同的父母了,但是各人有各人的妻子儿女。因之,以亲属关系所联系成的社会关系的网络来说,是个别的,每一个网络有个'己'作为中心,各个网络的中心都不同。"[1]

另一方面,曹河仁是族中见过世面,且从不恃强凌弱的人,"讲话很有道理,总劝人不要欺负人,要善待人"。

虽然族人敬重曹河仁,但是曹河仁家财尽失,不得不面对一夜回到贫穷的现状。这样的局面绝不是曹河仁可以接受的。此刻的曹河仁,依旧还是想着如何东山再起,其雄心如同一团火焰,倔强地燃烧。

对于乡土贤达的变故,生于福建古田的人类学家林耀华写道:"人们说一个人的'风水'即机遇的力量是无法控制的,这决定人的发达或潦倒,也许并不错。但我们必须考虑人本身,考虑使他同人交往并决定他这样做或那样做的生活的圈子。家庭就是这样一种生活圈子,是围绕着一个由习俗、责任、感情和欲望所精心平衡的人编织的强有力的网。抽掉家庭的一

---

[1] 费孝通.乡土中国[M].北京:北京出版社,2004:30-31.

员、扯断他同其他人、其他人同他维系在一起的纽带，家庭便面临危机。东林及其家庭正是处在这种境地。打击接连而至，震撼了他们的生活圈子，几至崩溃。孩子们挨饿、不得不将家里的土地出租，把小姑娘送给别人家，窘迫无比的家庭经济，小女之死等，这都是粗暴地动摇他们生活模式的不断的变故。"[1]

对于乡土中国的个体来说，危难之时方显一个家族的文化底蕴，加上男主外女主内的思想，极大地影响着中国的家庭生活。面对突如其来的变故，日子还得继续过下去，曹河仁家族也是如此。

遭遇家道中落，曹德旺的母亲陈惠珍并没有气馁。陈惠珍出生在高山镇洋门村，其父是当地有名望的地主。作为地主的女儿，陈惠珍出嫁时，陪嫁十分丰厚。婚后，陈惠珍把娘家给的陪嫁都换成了可随身携带的细软。

从上海回到曹厝村，陈惠珍不得不把细软变卖成钱，随即在曹厝村购买了一块宅基地，修建了一栋当地最大的"半洋房"（一幢二层小楼）。然而，高大的庭院、别致的洋房也掩盖不了曹河仁家境一落千丈的事实。在社会大变迁中，曹家六个孩子饱尝了贫苦的艰辛，曹家的状况，仅仅是时代的一个小小缩影。

在修建"洋房"的过程中，正当建房工程只剩铺瓦片时，曹家再次遭遇事端。在解放战争中溃败的国民党军队第74师兵源匮乏。为了补充兵源，74师到处抓壮丁，经过高山镇时更是如此，甚至还抓走了正在给曹德旺家屋顶铺瓦片的工匠。

被抓走的这些壮丁后来又偷跑回来了，但是他们不知道的是，自从他们被抓走后，其家人一直向曹河仁要人，甚至要求曹河仁赔人、赔钱。

不堪其扰的曹河仁，不得不再次离开家乡，远赴那个让他魂牵梦绕、可以大显身手的上海滩。究其原因，自幼远赴东洋学习经商之道的曹河仁，

---

[1] 林耀华，庄孔韶，林宗成译.金翼——中国家族制度的社会学研究[M].北京：生活·读书·新知三联书店，1989：18-19.

返回曹厝村后根本不会耕田、种地，隔行如隔山，英雄也就没有了用武之地。回到上海经商，是曹河仁不得已，同时也是一个极佳的选择方案。

接下来的日子，是考验曹德旺母亲的时候。更为艰难的生活，陈惠珍必须面对，加上曹德旺的父亲曹河仁远在上海，就是赚到了钱，也无法如期寄到曹厝村。

总有方法去解决困境。陈惠珍为了养活6个正在长身体的孩子，不得不当掉自己仅剩的首饰，购买了十几亩田地，又央求曹德旺的舅舅帮忙耕田种地。

在高山镇，土地较为贫瘠，大多数土地只能种红薯、花生、青菜之类的农作物，无法完全解决曹德旺全家的口粮问题，忍饥挨饿就是常事，且每天只有两餐"汤汤水水"的饭菜。

当孩子们饿极了，自然就会哭喊。每每此刻，陈惠珍就把兄弟姐妹六人集中到自家院子里，坐在小板凳上，围成一圈，吹口琴，唱歌，做游戏。

关于饥饿，华为创始人任正非在《我的父亲母亲》一文中回忆说道："上山采一些红刺果（就是我们绿化用的那种），把蕨菜根磨成浆，青杠子磨成粉代食。有时妹妹采几颗蓖麻子炒一下当花生吃，一吃就拉肚子。后来又在山上荒地种了一些南瓜，以及发明了将美人蕉（一种花）的根煮熟了吃。刚开始吃美人蕉根时，怕中毒，妈妈只准每人尝一点。后来看大家没有事，胆子就大一些，每天晚上儿女围着火炉，等着母亲煮一大锅美人蕉的根或南瓜来充饥，家庭和和睦睦。那时，根本没有专用的厨房，而是卧室床前的地上，挖一个坑，作一个地炉，又做饭，又取暖，大家围在一起，吃南瓜，和和融融。"

看完任正非写的《我的父亲母亲》后，联想集团创始人柳传志写道："我相信绝大多数的80后、90后的朋友是读不出玉米饼的感觉的，因为他们不懂什么叫饥饿。1961年，我是北京25中的一名高三学生，我们中学生是早上八九点钟的太阳，所以享受着最高待遇，一个月32斤粮，半斤油，半斤肉。知道什么叫一个月半斤油吗？那是在一锅熬白菜煮熟的时候，油瓶口顺着筷子点入几滴油，使锅里漂着油花，一个月下来，这半斤油就用完了。知道什么叫饿吗？那就是耗干净你身上的脂肪，然后再耗你的肌肉。有一天夜里，我饿得实在受不了，想起抽屉里有一盒中药羚翘解毒丸，我就吃了两颗，几小时后药性发作，抽筋断肠，头痛欲裂。经过饥饿的人才知道什么叫从父母弟妹的嘴里面抠出的玉米饼。"

面对艰难的生活，母亲告诉曹德旺："千万不能告诉别人自己家只吃两餐，让人知道了，只会看不起你。""出门要抬起头来微笑，不要说肚子饿，要有骨气，有志气！"

即使在困难的日子里，曹德旺的兄弟姐妹所穿的都是洗得非常干净的衣服。当衣服穿破了，曹德旺的母亲坐在灯下缝补，把补丁尽可能地缝补在内里藏起来。曹德旺母亲虽然生活在农村，但是却把家里打理得井井有条，收拾得一尘不染，即使是木楼梯和木地板，也被擦洗得干干净净。

曹德旺记忆最深处是其母亲陈惠珍的教诲——"做人重要的是人格完整，需要的是取得他人的信任，要做到，穷要穷得清，富要富得明，所以，在外面要把胸挺起来，头抬起来，不要被别人看不起。"正是陈惠珍这样的人生信念，影响了曹德旺的一生。

耳濡目染

1956年1月21日,上海各界人民10余万人在人民广场集会,举行庆祝社会主义改造胜利大会。

上海的社会主义改造胜利,意味着个体经商暂时被封存。1956年夏日的某个晚上,没有经商舞台的曹河仁不得不从上海再次返回福建老家。此次的曹河仁,选择的交通工具不是轮船,而是骑着自行车回到曹厝村。曹河仁回到家时,已是午夜时分。

多年后,曹德旺还专门提到这件事情。曹河仁回到家里,母亲陈惠珍叫醒正在睡梦中的曹德旺:"你爸爸回来了,赶紧穿衣服起来见你爸。"

听到爸爸回来时,曹德旺赶紧起床,冲下楼来。在大堂里,曹德旺看见母亲正在与一个人小声说话。曹德旺怯怯地走过去,曹河仁看到曹德旺,把他叫到跟前:"啊哈!小印度,你长高长大了,再长下去,就和爸爸一样高了。"

看到曹德旺已长高的曹河仁,微笑地对曹德旺说道:"你到镇上,去帮爸爸买点酒。"曹德旺随后接过母亲手里购买酒的钱和一个空瓶子,敲开一家位于镇上酒家的大门,购买了曹河仁要喝的酒。

打那以后,每当曹河仁喝酒时,曹德旺就会去购买。当然,曹德旺很乐意去买酒,一个重要的原因是,可以在回家路上偷偷喝上一口。

当曹河仁喝酒时,经常让曹德旺站在自己身边,分享自己的一些往事。席间,曹河仁会拿出自己皮夹子里的一张剪报给曹德旺看。

据了解,上海《新民晚报》曾报道过曹河仁。曹德旺当时也没有在意,只记得上面写着"旅日归侨代表曹胜美(曹河仁在上海时用的洋名)"。

在曹河仁看来,"旅日归侨代表曹胜美"是自己最为骄傲的事情。一旦曹德旺跑开或者不愿意听,曹河仁就会生气,甚至暴揍曹德旺。多年后,曹德旺回忆道："我就是在实在不想听，又不得不听的状态中，听了很多当时并不怎么明白，后来逐渐领悟的人生道理。"

曹河仁的叙述，时常重复。有时会介绍当年去日本当学徒的事情，有时说他在上海经商的事情，有时则同曹德旺畅谈人生的哲理。

对于此阶段的曹河仁来讲，是非常痛苦的，龙困浅滩。曹河仁从小学习经商，不会务农，在老家无所事事，无疑是会被人瞧不起的，加上自己的不如意，曹河仁的脾气越来越大，时常发火。在中国乡土的熟人社会，当曹德旺调皮捣蛋时，曹河仁通常都通过殴打曹德旺、赔礼道歉的方式来回应。时隔多年，曹德旺回忆道："每有乡亲到家里告状，父亲就会不问青红皂白地用皮带抽打我。有时不是我的错，但也一样要承受父亲的鞭打。"

此刻满腹委屈的曹德旺，依然没有申诉的地方，甚至怀疑自己是不是曹河仁的亲生儿子。通常，母亲陈惠珍总是一边"抚着曹德旺的鞭痕，轻轻地用蛇油涂抹着"，一边告诫曹德旺："被爸爸打，哭是可以的，但千万不要和你爸爸顶嘴，也别还手或逃跑；即使你是被冤枉的，也不能。因为打你的人是你的亲爸爸。"时至今日，曹德旺依然记得母亲陈惠珍对他的谆谆教导，记得母亲陈惠珍对他炙热如太阳般的爱。

年幼辍学

在传统的中国文化中，起名都是非常讲究的，既要给人留下美好的印象、表意美好、音韵动听，同时还要给予"衣锦还乡""光宗耀祖"的使命和荣耀。除此之外，起名还必须相合命理。例如，作家鲁迅在《闰土》一文中写道："闰土，五行缺土，取名闰土。"

这样的起名逻辑，源于农耕文明是鼓励远游的，因为只有远游才能实现"衣锦还乡"，甚至"光宗耀祖"的梦想。

当然，正是这样的共同期盼，给予外出闯荡者奋斗的原动力，而这种共同的民族文化心理书写了中国灿烂的文明史诗。

20世纪40年代的福建福清，这样的期盼驱动着曹河仁。为了把生意做得更大，曹河仁不得不亲力亲为，忙于生意上的事务，甚至连儿子的名字都忘记取了。

在上小学前，人们称呼曹德旺为"小印度"。曹德旺很疑惑邻居称呼他"小印度"。于是，曹德旺问母亲这是为什么。

母亲看着委屈的曹德旺，告诉他，在20世纪40年代的上海租界，很多巡捕是印度人，加上很多家长总是把孩子打扮成巡捕的模样，通常管这样穿"巡捕装"的孩子叫"小印度"，意思是"小巡捕"。就这样，"小印度"陪伴曹德旺到了学前的时光，直到入学，不得不起名。

孩子达到一定年龄，就必须起名。对于即将入学的"小印度"（曹德旺的小名）来讲，起名已经是当务之急。思虑再三，陈惠珍不得不向宗族中的长福伯伯寻求帮助，给自己的儿子起名。

1954年初夏的某天，滂沱大雨下了整整一天。傍晚时分，知了在院子里叫个不停。雨势稍停时，9岁的曹德旺玩性大发，曹德旺迫不及待地出门玩耍。

当曹德旺刚要跨出门槛时，母亲叫住了他。

过了一会儿，同族的长福伯伯来到曹德旺家。长福伯伯是村里的"先生"，身穿一身长袍，鼻子很挺。

在当时的农村地区，抽水烟较为普遍。当长福伯伯一进门，曹德旺的母亲就递上一个烟筒，为长福伯伯点上了水烟。

长福伯伯接过水烟，吧嗒吧嗒地猛吸了几口后问道："叔公有信回来？"

曹德旺的母亲小声地回答道："好久没有信了，您看小印度都九岁了，学堂都上不了。5角的报名费还凑不齐，最急的是，他到现在还没有一个名字。他长福伯，您帮帮忙，给孩子起个名字吧！"

对于曹德旺母亲的请求，长福伯伯当然是不会拒绝的。在乡村地区，一些有学识的族人通常会担负起一些诸如起名、写对联等义务性质的宗族事情。

鉴于此，长福伯伯说道："学，无论如何是要上的。"当长福伯伯抽完水烟后，把烟筒搁置在一边，对曹德旺的母亲说："没钱，就慢慢来吧。小印度的定时你拿给我，先把名字给取了吧。"

曹德旺的母亲起身从屋里取出一张红纸，这张红纸上写有曹德旺的出生年月日时。在福建省福清市，当地人把这张纸叫"定时纸"。根据习俗，当地给孩子取名、婚娶之前都需要看时辰，以祈求有一个完美的人生。

几天后，长福伯伯根据"小印度"的生辰八字，为其起名"德旺"。见到曹德旺的母亲时，他说道："名字我取好了，叫德旺吧。聪明又有德，必然兴旺啊……"

之所以起名德旺，是因为"德"是曹家的字辈，按照他的生辰，加上"小印度"很聪明，点子很多，聪明有德，必然兴旺，同时，也期望曹德旺能够兴旺发达，表示对未来的一种期许。当母亲知道"小印度"取名曹德旺后，高兴地感谢了长福伯，又一路将长福伯送出了院门。就这样，曹德旺有了自己的名字。

自从长福伯给曹德旺取名后，曹德旺高兴了很长时间。曾经的"小印度"终于有了名字——德旺。为此,曹德旺反复地叫着自己的名字——"德旺、德旺",同时,他也坚信自己一定会有美好的新生活。

带着美好的期许,就在那年夏天,曹德旺的母亲尽力攒够了学费,送曹德旺上学了。陈惠珍牵着曹德旺的手把他送到学校。当领到课本,曹德旺开心极了,课本上的每个字都让他新奇不已。

刚走进校园的曹德旺一切都觉得很新鲜,学习也还较为认真。时隔多年,曹德旺回忆说道:"我觉得新颖。"

随着上学好奇心的消失,曹德旺调皮的孩子天性就显露出来。多年后,曹德旺回忆了当时的情景。

还记得小时候玩的"我们都是木头人"的游戏吗?在这个游戏里,一个人在前面背对着大家,数着数,1,2,3,4,5……后面的人则在他数数时一步一步地快速前进,不过得时刻提防数数的人回头,因为他一回头,被他看到的正在动的人,就得出局被罚。我就在课堂上与老师玩着"木头人"游戏:老师在讲台上讲课,时不时地会转身在黑板上写字。我呢?老师一转身,我就从座位上站起来,模仿老师写字的姿势。我学得很像,班上的同学看着笑得前俯后仰。老师一回头,我立即就坐回到座位上,双手交叉搁在课桌上,一副很认真听讲的模样。刚开始老师很狐疑,因为不知道怎么回事。后来,老师发现了,是我在学他的动作,老师很生气。

曹德旺入学才一个月,授课老师就到曹德旺家家访。授课老师家访的目的,是告诉曹德旺的母亲,曹德旺在学校调皮捣蛋,甚至在课堂上不专心听课。

曹德旺的母亲得到这样的反馈信息非常生气,一个劲儿地给老师道歉。当授课老师离开后,曹德旺以为母亲会拿起竹子打他,但是母亲并没有这样做,只是静坐在那儿,很久都不说话,而且还哭了。

母亲的举动吓坏了淘气的曹德旺,连声地对母亲说:"我不敢了,再也不敢了。"虽然做出保证,但是天性使然,曹德旺还是经常不遵守课堂纪律,闹出不少事情来。曹德旺由此背上了"坏孩子"的标签。

曹德旺不愿意遵守课堂纪律，可能与他自身的经历有关。9岁以前，曹德旺每天都在田野里疯跑，还必须捡柴回家烧。

然而，当要求曹德旺在课堂里必须安安静静地坐上几个小时听课时，曹德旺在田野上疯跑的劲就上来了。曹德旺回忆道："自然觉得凳子上扎着钉子似的，怎么坐都不舒服。"

淘气归淘气，曹德旺的学习成绩，却在中上游。按照当时的学分制（5分制），曹德旺的成绩总是在3分和4分之间。从小学一年级到六年级，从来没有拿过5分。曾经教授曹德旺的林秉珠老师给予了正面评价。

时隔多年，曹德旺依然记忆犹新："有一个女教师对母亲说，德旺不是坏孩子，他只是调皮，好动。这个老师叫林秉珠，我一辈子都不会忘记的漂亮的女老师。"

从曹德旺的这段话不难看出，在幼年的曹德旺心里，林秉珠老师影响深远，或许这是女教师不同于男教师的温情、细腻的一面。

在农村地区，孩子很小就需要给家里做农活，曹德旺也是如此。自从上小学五年级后，曹德旺每天天没亮就得去山野捡柴草，让母亲中午做饭用。当中午下课后，曹德旺又去捡柴火让母亲晚上烧饭用。如果冬天，情况还好一些，毕竟冬天的气温相对低一些，出汗相对少一些。一到夏天，阳光暴晒，曹德旺捡完柴草后，一身大汗。一般情况下，曹德旺会跳进浅水沟里洗个澡，然后再穿上衣服，径直跑到学校上学。

干活的劳累，自然影响曹德旺的学习。在上课期间，曹德旺竟然趴在课桌上睡着了。下课后，上课老师把曹德旺拉到教导主任办公室。

在南方，一个判断同学是否下河洗澡的办法，就是抓起同学的胳膊，用指甲轻轻一划，如果下河洗过澡，肯定会留下一道白色的划痕；相反，则没有下河洗澡。

作为南方人的教导主任自然也会沿用这样的土办法。当看到曹德旺胳膊上留下一道白色的划痕时，教导主任召集所有学生在操场集合，拉着曹德旺的胳膊对学生说："你们看，这小不点，天天中午不睡觉跑去玩水，玩累了就上课睡觉。哪天出事儿怎么办？你们可不能这样！"

听到教导主任的训话，学生轰的一声笑起来。曹德旺心里憎恶教导主任所讲的话。当同学们散去后，曹德旺磨磨唧唧地待在教室里一个多小时。当看到教导主任叼着牙签走向厕所方向时，曹德旺捡了一块石头放进自己的书包，打算用石头砸教导主任。

教导主任肯定不知道曹德旺此刻的真实想法，旁若无人地走进厕所。曹德旺利索地爬上墙头，正准备拿出石头砸教导主任时，理智的想法占了上风——万一把教导主任砸坏了，家里可没钱赔偿。

于是，曹德旺收回了拿石头的手。但是此刻的曹德旺依旧对教导主任在大庭广众之下训导自己耿耿于怀，依旧想教训一下教导主任。

曹德旺直接冲着教导主任的头撒尿。撒完尿的曹德旺，慌忙地跳下墙就跑了。可是曹德旺跑得过初一，却跑不过十五。

在熟人社会，就算曹德旺跑到山里，教导主任也能轻松地找到曹德旺的家。

教导主任赶到曹德旺家里，指责曹德旺。见此情况，曹德旺的母亲连声道歉地说道："对不起，对不起，孩子做了对不起您的事情，是我的错。对不起。不过孩子午休跑水沟里，可能不是玩水，而是我家里穷，孩子是去捡柴，中午天气热，又不想一身臭汗才跑到沟里去洗澡的。对不起啊，老师！"

当教导主任了解曹德旺洗澡的真相后，先是愣了一下，什么话也没说，径直走出院门。教导主任的离开，却让曹德旺不知所措了。

这是初一年级的上学期，尽管曹德旺做错了事，教导主任了解实际情况之后，没有处分曹德旺，也没有再来曹德旺家里。但是曹德旺五味杂陈，自己闯下的"祸"，就得自己承担，同时也要付出相应的"代价"。

曹德旺从此再也没有勇气去学校上学。不去学校求学，这就意味着曹德旺要辍学，不得不过早地步入社会。曹德旺把自己关在屋里，哭得很伤心，各种委屈、惭愧、懊恼、悔恨，掺杂在一起。

多年后，曹德旺依旧反思当时所做的错事。曹德旺说："我还是不愿再回学校，对老师做了那样的事，我怎么还敢回去呢！"

就这样，14岁的曹德旺成了生产队里的一个放牛娃。曹德旺每天一起床，就开始干农活、捡柴、挑水，白天放牛，傍晚才把耕牛牵回栏，再去捡柴。在农忙时节，曹德旺还要帮舅舅干农活。

当冬天地瓜成熟时，曹德旺负责到地里翻捡薯蒂，补充家里不足的口粮。在当时，像曹德旺这样的劳动力，劳动一天可以获得2个工分，1个工分的价值为八分钱，即一天挣1毛6分钱。在当时，其购买力却很大。1毛6分钱可以购买一斤大米或者三两肉。

辍学后的曹德旺，才觉察学习的珍贵。读书的欲望越来越强烈，但是此刻的他不愿意再回到学校。然而，强烈的学习愿望让曹德旺开始了自学之路。

每当想看书时，曹德旺就阅读哥哥读过的书。当遇到自己看不懂的字，就问哥哥。哥哥不在自己身边时，曹德旺就直接查《新华词典》《辞海》。

在当时，一本《字典》的价格是8角钱。为了购买字典，曹德旺割了一年多的马草，才如愿以偿；为了购买一本《辞海》，曹德旺居然割了三年多的马草，才攒够了3元钱。

在接受媒体采访时，曹德旺回忆说："我靠字典自学的习惯，就是这样养成的。一个一个的字，从它们认得我到我认得它们，也是这么一字一字查出来的。那时，只要是印有字的纸，我都会拿起来读，很多知识的积累，都来自这样的自学。一直到现在，我仍然爱看各种书籍，并有一个怪癖，到我家千万别向我借书，再好的朋友我都不会给，有一点爱书如命。"

曹德旺放牛的日子体验了成人世界的艰辛。这样的滋味，曹德旺一直隐忍，从没有告诉母亲，怕她伤心。正是这样的人情冷暖，让曹德旺体验到人生的不容易，为曹德旺后来的处世经验打下坚实的基础。

正如美国诗人罗伯特·弗罗斯特（Robert Fros）写的一首诗《未选择的路》（*The Road Not Taken*）：

第1章 饥饿的童年

黄色的树林里分出两条路，可惜我不能同时去涉足，我在那路口久久伫立，我向着一条路极目望去，直到它消失在丛林深处。

但我却选择了另外一条路。它荒草萋萋，十分幽寂，显得更诱人，更美丽；虽然在这条小路上，很少留下旅人的足迹。

那天清晨落叶满地，两条路都未经脚印污染。

啊，留下一条路等改日再见！

但我知道路径延绵无尽头，恐怕我难以再回返。

也许多少年后在某个地方，我将轻声叹息将往事回顾：一片树林里分出两条路，而我选择了人迹更少的一条，从此决定了我一生的道路。

此刻的曹德旺如同诗中的旅行者，不管他愿不愿意，同样只能选择其中一条。同样会面临遗憾地留下一条"未选择的路"，因为不管曹德旺选择哪条路，都会改变自己的人生路径。

筹建玻璃厂

第 2 章

第2章 筹建玻璃厂

对于任何一个人来讲，做错事都要承受相应的代价。辍学后的曹德旺，只好跟着父亲曹河仁经商。虽然在当时存在一定的风险，但是在经营烟丝、水果等生意中意外地继承了曹河仁的生意经。即使到后来，曹德旺自己独自贩卖木耳、树苗，也训练了其敏锐的商业嗅觉。

机会总是留给有准备的人。一个改变曹德旺的创业计划在一次不经意的闲谈中诞生了。虽然闲聊者并未发表长篇大论，但是曹德旺却嗅到了其中隐藏的巨大商业机会，玻璃就这样走入曹德旺的创业生涯中。1976年，一个机会终于摆到了已过而立之年的曹德旺的面前。

头脑风暴

1976年的春天，瓢泼大雨连续下了好几天，因大雨导致的"倒春寒"使农事不得不暂停下来。闲来无事的曹德旺开始忙碌起来。他邀请了大学毕业生、明溪县二轻局的采购员吴异璜和出身于福州一个高级知识分子家庭的、明溪农场就职的林庶乎一起品茶、喝酒。

席间，吴异璜询问曹德旺有没有想过做水表玻璃的项目。吴异璜怕曹德旺没听懂，一边讲解，一边用手比划，同时还画了一个小小的圆圈。

吴异璜告诉曹德旺："（水表玻璃）就是我们家家户户厨房里都有的那个水表。你知道吗？这么小的一块，可以卖到5角钱，很赚钱吧！而且，这个水表玻璃很容易（做），如果你做，我有渠道、有办法帮你做起来。"

当吴异璜把水表玻璃的创业项目介绍完之后，曹德旺倍感兴奋。在那个大雨天的下午，曹德旺、吴异璜、林庶乎三人都在策划如何创建一个玻璃厂。经过一个下午的讨论，终于下定决心，他们可以创建一个生产玻璃的乡镇企业。原因有二：

（1）早在改革开放前，福建农村就创办了一些社队企业。

这些社队企业主要有两种类型：一是公社、大队办的企业，为数较少，而且囿于旧体制的弊端，一直经营不振，实行联产承包责任制时，大多改为联户承包、合作经营的形式；二是在大队同意下，由个人出资或群众集资，使用大队的账户和发票，挂队办企业的牌子，每年按营业额提取一定比例（通常为3%）作为管理费交给大队。工人或者带资金入厂，或者是集资者的家属，实行计件工资，多劳多得，目的是解决剩余劳动力的出路、增加投资者和集体收入。当时社队办的企业大都采取后一种形式，发展速度也相当快。但由于它处于不合法的地位，经常被当作"地下黑工厂"遭到打击。[①]

据《晋江市志》记载，至1978年，晋江社队企业已达1141家，其中社办企业143家，队办企业（含挂靠企业）998家，就业人数5万多人；总产值4212万元，占全县工业总产值的17.6%，为此后晋江乡镇企业的发展奠定了初步的基础。粉碎"四人帮"之后，十年的阴霾逐渐散去，中国的社会生活逐渐回归常识，经济也开始慢慢复苏。但此时，许多束缚经济发展的框框依然存在，农民们要想办厂，仍需挂靠公社（乡镇）或大队（村集体）。[②]

（2）有市场，也有技术。作为采购员的吴异璜，调研过相关市场。

第一，曹德旺通过做水表项目离开了农村。曹德旺后来写道："只要有机会。这也是我当初离开家乡到瑭头山兜农场的原因——从这个角度讲，山兜是我离开农村的一个跳板，但我没有告诉他们这些，告诉他们也未必能理解。只有如我一样在农村生活过的人，才会知道农村的苦，农民的难。"

第二，水表玻璃背后的巨大商业机会。20世纪70年代，中国广袤的土地上，水表需求是十分巨大的，如果能拿下2亿个，那就是1亿元的销售规模。

第三，在当时，虽然经商仍是被禁止的，但是当地以较为灵活的方式变通了。

第四，有相关的技术和人才积累。林庶乎作为工科大学生，最擅长的就是设备技术的问题。

解决了市场和技术问题，最后只剩下创建工厂需要的20万元资金和盖厂房所需的10亩土地，以及解决吴异璜和林庶乎二人的户口问题。

在当时，要想在高山公社创建工厂，需要把吴异璜、林庶乎二人的户口从明溪县迁到高山人民公社。

据公开资料显示，高山镇隶属福建省福清市辖镇，是福清五大古镇——牛田（现龙田）、高山、渔溪、海口、东张——之一，地处福清市龙

[①]《闽商》杂志社采编中心.跨越40年闽商创业史［M］.厦门：厦门大学出版社，2019：17—24.
[②]《闽商》杂志社采编中心.跨越40年闽商创业史［M］.厦门：厦门大学出版社，2019：17—24.

高半岛南端，面积40平方千米，坐落在万底山上，因地势高而得名。

高山镇的地理位置拥有比较优势，与平潭岛隔海相望，东与东瀚乡交界，西和三山乡相连。曾是高山、三山、东瀚、沙埔等1镇3乡的中心。历史上曾有"高山市"之称。1956年置高山区，1958年改公社，1984年改镇。1997年，辖北垞、后耀、岭下、洋门、西郑、薛港、北坑、杭中、垄上、玉楼、后安、山后、东进、高山、北岭、门头、前王、前岭、院西、长安、西江、海门、竹秀23个村委会和高山居委会。

在曹德旺看来，在当时"户口是最难解决的一个问题。当时，中国的城市户口，是人跟着户口走，户口跟着工作走。人、户口、工作必须一体，要想迁户口，有时是比登天还难的事"。

鉴于此，曹德旺亟待解决的问题有两个：第一，必须说服高山公社的主要领导，解决资金和土地问题。第二，解决吴异璜和林庶乎二人的户口问题。

在今天看来，这两个问题可以迎刃而解。但是在当时，创建工厂是政府的事情，加上工厂大多修建在城市里，多年后，曹德旺依旧记忆犹新："社办企业，虽然在（20世纪）70年代也不是什么新鲜事儿，但我一个农业人口，想办工厂，谈何容易……农村执行的政策是'以粮为纲，全面发展，多种经营，适当集中'。公社办的各类企业多了，管理这些企业的政府机构也应运而生。在县里，叫多种经营办，在公社就叫社队企业办或乡镇企业办。在当时，乡镇企业多指农村集体经济组织或者农民投资为主，在乡镇（包括所辖村）举办的承担支援农业义务的各类企业，或者开些小手工作坊之类的店面。公社的企业办则多为组织农民进城务工。高山的农民，吃苦耐劳，善于开山、挖土、搞基建，但承包这类的工程，通常必须要公社出面，企业办就是这个中间人。"

筹建玻璃厂

要想打破水表玻璃项目的瓶颈，曹德旺必须找到相关领导寻求帮助，才能真正地解决问题。

1976年初夏的某天，说干就干的曹德旺在想清楚这个问题后，主动找到时任公社企业办主任的方仁钦，咨询其水表玻璃项目的可行性。

当曹德旺走到高山街时，正好与方仁钦不期而遇。在乡土熟人社会，曹德旺认识方仁钦，方仁钦也认识曹德旺，加上曹德旺灵活的经商头脑，公社领导会格外注意。于是方仁钦打趣说道："德旺，最近又去哪里发财了？"

曹德旺谦虚地回答："方主任，我能干什么，就是跑跑小生意而已。今天有空不？有一个水表玻璃项目正要向您咨询。"

提到项目咨询，方仁钦来了兴趣，问曹德旺："什么项目？"

曹德旺介绍称，创建一个水表玻璃生产厂，这个项目非常赚钱。在市场上摸爬滚打多年的曹德旺滔滔不绝地讲道："一片水表玻璃，只有那么大一小块，可以销售5—8角钱，我去上海市场考察过。1平方米玻璃可以生产100片。"

曹德旺看方仁钦兴致很高，补充道："方主任，您知道市场上1平方米玻璃卖多少钱吗？5块钱。100片乘以5毛又是多少？1平方米可以卖50块钱！我们只是钢化一下，磨一下就（能）增值10倍！你说（做其他什么项目）什么有这么高的利润？"

曹德旺接着介绍，经过预算，创建水表玻璃工厂需要20万元的启动资金，以及盖厂房的10亩地。

听完曹德旺的详细介绍，精明的方仁钦看到了其中的市场潜力。方仁钦拍板，称资金和土地都不是问题，关键是谁来做这个水表玻璃生产的项目。

曹德旺推荐了自己认识的吴异璜和林庶乎二人，更为重要的是，水表玻璃项目是他们提出来的。如果公社认为可以上马玻璃项目，可以派几个人去见见吴异璜和林庶乎二人，觉得可行后，再去上海考察。

曹德旺简短地介绍了吴异璜和林庶乎二人的情况，然后说道："如果你们考察后认为可以调他们来做工厂的话，必须解决他们的户口问题，这是他们提出的条件。"

方仁钦没有直接回复曹德旺的问题，而是说"等我向书记汇报后再说"，之后就离开了。过了几日，方仁钦把好消息告诉了曹德旺："公社领导基本同意了。现在可以组织去明溪和上海考察了。"

送走方仁钦后，曹德旺即刻到高山公社邮局给吴异璜和林庶乎二人分别打了长途电话，告知事情的进展，并且定下了见面的具体时间。

几天后，方仁钦一行人在明溪县约见了吴异璜和林庶乎二人。随即又让吴异璜和林庶乎二人一同考察。其间，他们考察了两方面：一是无锡的乡镇企业，二是上海的玻璃生产工艺。

在上海考察期间，位于北京路的一家玻璃店后面放置了一台炉子，炉中正在生产玻璃。曹德旺问林庶乎："这样的炉子，我们能造得出来吗？"

林庶乎仔细地查看后说："可以，技术上可以解决。"

得到肯定答案的曹德旺很满意，随后跟随考察组一行回到高山公社。方仁钦也加快了创建工厂的步伐，立刻起草考察报告和立项报告，以及关于解决吴异璜和林庶乎二人的户口问题的申请一起提交给了高山公社。

高山公社收到报告和申请后，给予批复如下："同意成立高山异型玻璃厂筹建处，方仁钦任主任、项目负责人。"

与此同时，高山公社还同意把吴异璜和林庶乎二人的户口迁到高山公社居委会。1976年10月，筹建高山异型玻璃厂的工作正在有序地进行。就这样，与玻璃结缘的曹德旺迈出玻璃制造的第一步，曹德旺也很快地融入工厂的筹建中。

1976年10月6日，"四人帮"被粉碎。粉碎"四人帮"的消息公布后，全国亿万群众衷心拥护，举行盛大的庆祝游行。①

随着"四人帮"的粉碎，社会秩序得以恢复，党和国家的工作开始重新走上健康发展的轨道。曹德旺回忆说："此刻华夏大地上春潮涌动，不论城市还是农村。尤其是十一届三中全会后，农村实行了一系列的改革，乡镇企业如雨后春笋般迅速地发展起来。"这样的时代机遇下，高山异型玻璃厂的创建可谓是"天时地利人和"，一切似乎都顺理成章。

为了更好地加快建厂的进度，曹德旺等人把高山公社旧剧场作为高山异型玻璃厂的筹建办公地点，办公室就设在前厅的二楼，办公人员共有6人：主任方仁钦、吴异璜、林庶乎、曹德旺，以及筹建处成立后由高山公社配备的会计和出纳。

工厂一切都是按照国有企业的管理条例来执行。随后，高山异型玻璃厂第一次会议如期召开，地点在旧剧场二楼会议室。此次会议的主要议题，还是围绕人员岗位设置和筹建的规章制度来进行。

在厂房设计方面，方仁钦却有着自己的顾虑——"节约开支，保守设计，可进可退"。方仁钦的意思很明确，厂房的设计必须兼顾住宅，即使工厂没有能够如期办起来，或者倒闭，起码厂房可以当住宅使用。

对于这样的厂房设计思路，曹德旺自然是不赞成的。正当曹德旺想提出异议时，吴异璜和林庶乎二人却异口同声地表示赞成。

对此，曹德旺还特地问过吴异璜和林庶乎二人为什么赞成方仁钦的厂房设计思路，他们二人的回答更让曹德旺哭笑不得："钱不是我们的，决定权在他们手上，他们决定怎么做就怎么做，有什么好异议的。"

---

① 人民网.党史上的今天——1976年10月6日中共中央政治局执行党和人民的意志，采取断然措施，粉碎"四人帮"[EB/OL].

曹德旺自然是不认同吴昇璜和林庶乎二人的答案。曹德旺认为，真正的干部必须敢于说真话、办实事。方仁钦自从在明溪县见到吴昇璜和林庶乎后，非常高兴，把他们二人都安排到重要的岗位上。

由于没有安排曹德旺，吴昇璜和林庶乎给方仁钦提议："曹德旺不能没有位置。他是一个很好的销售人员。我们办工厂，生产出来的东西由谁去卖，卖给谁，这些都需要曹德旺。在产品生产出来前，也要采购东西，他可以做采购员。"

在吴昇璜和林庶乎二人的坚持下，曹德旺名正言顺地成为高山异型玻璃厂的一名采购员。多年后，曹德旺说道："因为我非工非农，所以，我只能按临时工使用。临时工就临时工吧，只要给我这个平台。心想，自己虽然有销售的丰富经验，但是从农业到工业是一个大的跨度，自己从来没有经历过，更不要说经营了。但饭是要一口一口地吃，经营企业的经验积累也需要一个过程。只要能让我站在工业的平台上，做什么职位，并不重要。再说，采购员也没有什么不好的——当时干部一个月只有22元，而我一个月有40元的收入。虽然，因为是临时工，逢年过节工厂里的行政管理人员会分到一些鱼啊、肉啊的，没有我的份，但我只当没看见。为保持心境，在那样的日子里，我总是躲得远远的。只要能给我工业的这个平台，将来我就能做出最好的企业来。"

解决玻璃技术制造难题

在当时,就业机会本身就不多,当高山公社要投资十几万元创建高山异型玻璃厂的消息公开后,整个高山公社的人们都在疏通各种关系,各路人物都想把自己的亲属安排在高山异型玻璃厂。多年后,曹德旺回忆道:"没有关系没有门路的,也削尖了脑袋挤进来。"

高山异型玻璃厂成了"香饽饽",人人都想分而食之。高山异型玻璃厂还没建好,各种弊病就已经开始显现。曹德旺写道:"筹建处的工作人员自然跟着风光无限。方仁钦自不用说,就连吴异璜和林庶乎,也每天沉浸在有人请吃喝的状态里,以至于一个小小的工厂,从1976年到1979年,奠基、动土、打桩、起梁、封顶、买设备、安设备,时光飞逝,家中的日历,转眼撕掉了3本。"

1979年,高山异型玻璃厂终于开始试生产了,随后就遭遇了一个大难题。当时,虽然日常生活和生产需要大量的玻璃,但是一段时间内却需要得到指标才能买卖。一般来说,获得指标的来源只有两种:第一,政府每年按照计划安排,就像粮票、布票、糖票一样,这叫"计划内指标"。第二,市场调剂,也叫"计划外指标",这就需要企业采购员各显神通。当时,一个采购员有没有能耐,关键看能不能拿到"计划外指标"和政府手中的批件。[①]

高山异型玻璃厂作为一家乡镇企业,基本拿不到"计划内指标",唯一的办法就是从"计划外"寻找突破口。在当时,结识了不少能人的曹德旺寻求位于福州的老朋友、福建省原化建公司的郑宝贵。郑宝贵介绍说:"指标我们有很多,但都在省外,要不回来,你若能要回来,这些指标要多少给你多少。"

---

① 周琳.曹德旺:执着产业报国梦 一片赤诚"玻璃心"[N].经济日报.

在改革开放之前,许多东西都要指标,这使得省与省之间需要协作交流才能互惠互利。福建省是林业大省,木材资源丰富,经常用木材和其他省份交换资源。可仅有木材指标还换不来外省的玻璃,还须有车皮指标配合运输。能不能用排列组合原理,找到最合理的组合,既满足各地指标需求,又节约车皮等成本?此时,曹德旺利用福建省物资厅采购员的"临时身份",借用全国订货会成功换到其他地区的玻璃指标,更通过资源整合节约了车皮指标。指标有了,生产所需材料齐了,但作为缺乏技术人才的问题又冒了出来。①

此阶段,高山异型玻璃厂共有16名员工,但是很多都是高山公社与企业干部的家属或者子女,岁数小的才十六七岁,岁数较大的已经超过40岁。在没有人才的背景下,试生产一年多时间,成品率低,生产不出合格的玻璃产品。厂长由此换了三个,从方仁钦、林学飞再到林学杰。

接二连三的挫折后,一些质疑的声音开始出现,甚至有人提出修建玻璃厂的决定是否正确。作为召集者的曹德旺,自然感受到来自各方的压力。究其原因,是曹德旺推动的修建玻璃厂。曹德旺反省道:"两个重要的人才吴昇璜和林庶乎(二人)是我引进的,投了那么多的钱,花了那么多的时间和精力,为什么生产不出合格的产品?"

曹德旺通过科学分析,发现了问题的关键——缺乏核心技术人才。此刻的曹德旺虽然不是厂长,也无权处理高山异型玻璃厂的管理事务,但是强大的责任心驱使着曹德旺去面对问题,解决问题。曹德旺对方仁钦说:"上海有一个朋友,可能会帮我们找来专家,诊断一下问题出在哪里。是不是由我出面联系一下?"

经过权衡利弊后,高山公社批准了曹德旺远赴上海求援。在当时,曹德旺乘坐火车花了一天一夜的时间,才抵达上海。

抵达上海的曹德旺,先是整理了一下着装,然后才走进上海建材局找

---

① 周琳.曹德旺:执着产业报国梦一片赤诚"玻璃心"[N].经济日报.

第2章 筹建玻璃厂

陈克远处长,并向他汇报了高山异型玻璃厂当前所面临的困境。陈克远对此深表同情地说:"你来得正好,上海耀华玻璃厂有一个韩厂长,刚刚调到我们处任副处长。"

陈克远拨通了韩副处长办公室的电话,说道:"老韩哪,我家乡有一个玻璃厂,生产上出了些问题,您是不是可以从耀华厂找一个工程师,到他们那儿看看,诊断一下问题出在哪儿,帮他们找到解决问题的办法?"

韩副处长爽快地答应了:"我这就同耀华联系,看看能不能派出人,可以派谁去。"

次日,韩副处长来到陈克远办公室汇报说道:"陈处长,耀华同意派工程师李维维前往,帮助高山厂解决问题。"

陈克远握着韩副处长的手,并感谢说道:"谢谢您。"送走韩副处长后,陈克远对曹德旺说:"我让办公室给你开一张购买机票的证明,你明天就陪李维维(工程师)赶回高山吧。"

20世纪七八十年代,作为交通工具的飞机,并非常人能够乘坐,条件较为严苛。正是此次上海建材局之行,给曹德旺一个"海阔凭鱼跃,天高任鸟飞"的起点:第一,工程师李维维解决了水表玻璃制造良品问题。第二,为后来福耀玻璃解决玻璃制造技术难题打下基础。第三,李维维工程师的到来,证明了曹德旺的作用更大了。

随后,曹德旺给高山异型玻璃厂发了一封电报:"已请到工程师,明日同机返回,请接机。"

多年后,曹德旺写道:"在机场,我见到了李维维(工程师),一个纤细的上海女子,虽然衣着朴素,但依然掩饰不住大小姐的气质。这样一位小姐,会懂设备?我简直不敢相信自己的眼睛。上海耀华是不是派错了人?我心里嘀咕着。"

让曹德旺没有想到的是,"李维维出身名门。父亲是洋买办,公公则是卡介苗专利的拥有者。从小在大上海花花世界中长大的她,却不染纤尘,完全是一个知识女性"。更让曹德旺没有想到的是,正是这个纤细的上海女子，改变了高山异型玻璃厂的命运，同时也成为曹德旺在汽车玻璃技术研发方面的顶梁柱。

当曹德旺和李维维工程师抵达福州义序机场后，前来接机的厂长看到曹德旺邀请的是一位女工程师时，笑容僵住了，甚至露出失望的神情。

虽然说是女工程师，但是也别无他法。经过三小时的翻山越岭后，一行人终于达到高山公社。正值午饭时间，厂长提议："先吃饭再去工厂。"

李维维不同意："先去工厂看吧。看完再吃，来得及。"

下了车，干练的李维维径直走到车间，等在工厂的吴异璜和林庶乎二人赶忙迎接。李维维说道："炉子的设计图纸在吗？请拿来给我看看。"

林庶乎示意员工递上图纸。李维维打开，并查看了图纸，再查看了风箱面板、风嘴排列，并吩咐"打开鼓风机"。

现场的人大气都不敢出一声，只有鼓风机工作时发出的声音。李维维看着、听着，不停地记录，吩咐道："关了吧。"随后，李维维询问曹德旺，需要改变电炉丝，有备用的电炉丝吗？

曹德旺回答说道："有。在仓库里。"

李维维继续说："风箱需要拆下来，风嘴也需要重新布置。这个困难大吗？"李维维的声音虽然很轻，但是却异常坚定。

曹德旺说道："没有困难，你说怎么弄就怎么弄。"

经过一番"望闻问切"，李维维发现了其中问题，说道："那好，我们现在去吃饭，吃完饭再来做。"

吃完午饭后，李维维再次来到车间，吩咐工人取来备用电炉丝。李维维蹲在地上，给员工示范怎么样绕圈，绕多少圈，还介绍其原理。李维维说："电炉丝分三层解决了电炉温度不均的问题，却无法解决风箱面太大的问题。风机浪费了很多风，另一方面，风压又上不去。因此，我建议你把旁边的都堵上。风嘴组装得也有问题，几千个风嘴都要拆下来。这个工作量很大，不过，抓紧时间，两天应该够了。"

李维维的诊断出来后，曹德旺马上组织员工通宵达旦、有针对性地改造。第二天天刚亮，李维维再到车间时，需要改的地方，都已经按照她的建议改好了，设备都码放得整整齐齐。

李维维俯下身，戴好手套，仔细地检查每一个线圈，满意地摘下手套，说道："开机试试吧。"

随后，工人推上电闸，接上电源，摁下开关，电炉预热几小时后开始生产。上片、下片、钢化……不一会儿，钢化好的玻璃送到检验台，"合格！"检验员高声喊道。[1] 当工人们看到一片片合格的玻璃被生产出来，之前不看好的领导终于露出了满意的、惊喜的笑容。

---

[1] 侯睿哲.曹德旺：30年只做一块玻璃［J］.思维与智慧，2019（06）：30-31.

第 3 章

合资试点

第3章 合资试点

随着改革开放的逐步展开,私营经济破土而出。"近水楼台先得月"的福建把握机会,打破之前诸多政策藩篱,由成千上万的创业者主导的工商个体户家庭作坊、乡镇企业,逐步登上了自己创业的舞台。

1979年,福建晋江就出现了一些带有个体性质的家庭作坊,晋江陈埭农民还通过"以资带劳、以资带资"等方式,创办了一批挂靠集体的联营企业。1980年后,随着政策放宽,晋江农民越来越多地利用"三闲"(闲散资金、闲散劳动力、闲散民房)发展集资联营企业。[1]

随着创业者积极性被调动起来,缺乏核心竞争力的乡镇企业被蓬勃发展起来的私营经济打得没有还手之力。位于福清的高山异型玻璃厂就是其中一个典型的乡镇企业,长期的亏损已经成为高山公社的沉重包袱。

要想甩掉这个包袱,在当时并不容易,多任厂长都无法扭亏,足以证明其问题的严重性。但是高山公社的领导们却意外地想到一个办法,不仅让高山异型玻璃厂扭亏为盈,而且当年就给高山公社财政贡献6万元的收入。这个办法就是把高山异型玻璃厂承包给该厂召集人曹德旺。

对于一直试图在商海展现自我的曹德旺来讲,之前因为没有话语权,导致很多决策得不到落实,此次承包的第一件事情就是要回经营管理的话语权——经营自己说了算。此次承包乡镇企业,让敢想敢干的曹德旺找到发挥自我价值的舞台。

---

[1]《闽商》杂志社采编中心.跨越40年闽商创业史[M].厦门:厦门大学出版社,2019:01-06.

机会是给有所准备的人

特殊时期结束后，之前诸多的禁锢被打破——原来禁演的古装戏可以演了，很多名著复出了，书店里的图书品种也增加了许多。其间，曹德旺阅读了大量的中外名著。例如，《唐诗宋词》《三国演义》《红楼梦》《水浒传》《鲁迅文集》《巴金文集》《基督山伯爵》《红与黑》《红字》《钢铁是怎样炼成的》《安娜·卡列尼娜》《变色龙》《呼啸山庄》《根》《欧也尼·葛朗台》，等等。

多年后，曹德旺直言，之所以能够阅读如此多的图书，原因如下：第一，特殊时期结束后，很多青年人的求知欲、读书欲被唤醒。第二，时间充裕。第三，出版社出了大量的书籍。在经历了知识饥荒、没有书读的年代，当读书的机会重新来临时，就像一个饥饿已久的人面对食物一样，狼吞虎咽，大咬大嚼。[①]正是通过大量图书的阅读，曹德旺受益匪浅。

除了阅读各类中外名著，曹德旺还自学了会计学。据曹德旺介绍，"如果说中外名著打开了我的视野，提升了我的素质，那么，会计学则让我掌握了经营企业的钥匙。"

2014年11月23日，曹德旺应邀参加首届中国企业国际化论坛。曹德旺说道：

成本和质量的控制，是一个系统工程，不是一个简单的问题。比如讲成本，我们在中国做的玻璃，这次很多工程在美国做，工程玻璃必须对每项工程进行很系统的认真核算，算下来以后，比如建筑工程，它的钢材水泥不会比中国高，模板也不会，（但是其）人工高。第二个（成本）什么地方高？安全防护设施的配置这方面尤其高。测算下来，等于我们在中国造

[①] 李传涛.曹德旺：靠什么捐数十亿［J］.创业家，2012（09）：108-108.

价基础上，加30%，这就是美国价格，我是这样来测算。①

曹德旺自学会计学，源于一次不经意的邂逅。由于业务的原因，曹德旺常去福州水表厂，结识了水表厂会计科的陈科长。据陈科长介绍，他是大学生，专业就是会计学。

有一天，曹德旺又去拜访陈科长，陈科长给曹德旺倒了一杯茶问道："德旺，最近很闲啊，都看了什么书啊？"

曹德旺回答说："没什么，就是莎士比亚的《罗密欧与朱丽叶》。"

陈科长建议曹德旺说："哦，有时间，您读点会计的书。会计是很重要的一门知识。"

对于曹德旺来讲，当时并不知道会计到底有多重要，但是却引起了曹德旺的重视。曹德旺认为，既然陈科长说了很重要，那就一定非常重要。曹德旺随后说道："陈科长，您能教我吗？"曹德旺刚出口，就觉得有些不妥。接着说："或者，你以前学过的会计的书借给我看，我不会的再请教您，可以吗？"

曹德旺没想到，陈科长爽快地答应了。他从办公室的书架上找出一本会计学的书递给曹德旺："这是一本会计学的入门书，你先读读。"

该书的"前言"让曹德旺醍醐灌顶——"会计工作是厂长的参谋和助手，要做到比有对象，学有榜样，赶有目标，帮有措施……"多年后，曹德旺依旧记忆犹新。

专业的会计学对"门外汉"曹德旺来说，不懂的内容非常多，此时，曹德旺就会去请教陈科长。花费了近两年的时间，曹德旺才学完了会计学的相关知识。

在学习会计学的过程中，曹德旺"知道了什么是原始凭证，原始凭证的重要性，如何归类，如何分析财报，进而如何透过各种数字分析企业的实际经营状况，了解市场的动态和未来的走向"。

---

① 曹德旺.福耀玻璃集团董事长曹德旺参加首届中国企业国际化论坛上的对话.

早年间，财富书坊团队曾经对中国数万家中小企业进行抽样调查，结果显示，80%的企业一把手都不熟悉会计学。通过学习会计学，曹德旺打开了经营与成本核算的前瞻性战略思维瓶颈。曹德旺说："这个能力的培养，或者也是冥冥之中，上天透过陈科长开示于我的吧。否则，如果没有向陈科长学习会计知识，在随后高山厂发生变故、公社让我出面承包时，我也不可能有管理高山厂的会计基础，更不可能有看报表即能知道企业生产经营情况的能力。"

在当时，高山厂的水表玻璃订单一直很好，但是自从李维维工程师返回上海后，设备尽管还能正常运行，产品不合格率却很高，产品成本居高不下，导致连年亏损。

数据显示，从1977年到1982年的几年间，厂长走马灯似地换了6个，但是也没完全解决产品良品率问题。居高不下的生产成本，导致高山公社投资的十几万元付诸东流。随后，吴异璜和林庶乎因为各种原因先后离开了高山。

1983年年初，高山异型玻璃厂迎来了较为黑暗的时刻，人才的流失，加上长期的亏损，已经濒临破产。如果高山异型玻璃厂继续亏损下去，那么只能选择关闭工厂。作为资方的高山公社，是不愿意看到这样的结果。元旦过后的一个正午，高山公社施副书记找到即将回家吃饭的曹德旺，说道："德旺，我正要找你。把玻璃厂包给你经营怎么样？"

施副书记的问题问得有些突然，曹德旺有些犹豫，回复称"可以考虑"。见到曹德旺露出不解的神情，施副书记直言不讳地说道："德旺，我不说你也应该知道。高山厂是在你手上建起来的，亏到现在，公社投入的钱也亏得差不多了，公社可以认赔，但是，18个工人和4个干部要怎么安置？想必你也有看到前几天的报纸，中央一号文件刚刚出台，鼓励承包。方仁钦也提出这个方案，我们考虑了一下，认为你来承包最合适。"

施副书记提到的一号文件，是1983年1月2日中共中央印发《当前农村经济政策的若干问题》（简称1983年中央1号文件），这份文件在第七条就明确提出"放手发展合作商业，适当发展个体商业"，详情如下：

（七）我们现在正进入城乡社会主义商品生产大发展的时期，为了搞活商品流通，促进商品生产的发展，要坚持计划经济为主，市场调节为辅的方针，调整购销政策，改革国营商业体制，放手发展合作商业，适当发展个体商业。实现以国营商业为主导，多种商业经济形式并存。要打破城乡分割和地区封锁，广辟流通渠道。

第一，调整农副产品购销政策。对重要农副产品实行统购派购是完全必要的，但品种不宜过多。今后，对关系国计民生的少数重要农产品，继续实行统购派购；对农民完成统派购任务后的产品（包括粮食，不包括棉花）和非统购派购产品，应当允许多渠道经营。国营商业要积极开展议购议销业务，参与市场调节。供销社和农村其他合作商业组织，可以灵活购销。农民私人也可以经营。可以进城，可以出县、出省。撤销农副产品外运由归口单位审批的规定。凡属收购任务以外的农副产品，购销价格可以有升有降。

第二，对某些紧俏商品实行统派购时，一般不要采取全额收购的做法。凡是能够确定收购基数的，都要定出基数，几年不变，以便给生产者留有一定的产品处理权。要逐步推行购销合同制。合同一经签订，必须严格信守。

第三，发展合作商业。已有的合作商业组织，如农工商联合公司、社队企业产品经销部、贸易货栈等，在搞活农村经济和促进城乡物资交流中发挥了积极作用，但也存在一些问题，应当经过整顿，存利去弊，继续发展。

基层供销合作社应恢复合作商业性质，并扩大经营范围和服务领域，逐步办成供销、加工、贮藏、运输、技术等综合服务中心。原来的县供销社，应当成为基层供销社的联合经济组织。凡是没有进行供销合作社体制改革试点的地区，要抓紧进行试点；已进行试点的地区，要总结经验，逐步向面上推开。国务院有关部门要立即着手拟定供销社体制改革的具体方案，认真组织实施，争取尽快地、稳妥地在全国范围内完成这项改革。

第四，农村个体商业和各种服务业，经营灵活、方便群众，应当适当加以发展，并给予必要扶持。

农民个人或合伙进行长途贩运，有利于扩大农副产品销售，有利于解决产地积压、销地缺货的矛盾，也应当允许。但要经过工商登记，依法纳税，并限于贩运完成交售任务后允许上市的农副产品。

第五，国营商业要根据农民日益增长的需要，大力组织工业品下乡。同时，要允许集体和个体商业向批发站进货。要有合理的批零差价和地区差价，使经营者有利可得。

第六，农村流通领域放宽政策以后，要注意对农民进行国家、集体、个人利益"三兼顾"的教育，保证按质按量向国家完成交售任务，并争取多作贡献，支援国家建设，保证市场供应。同时要切实加强市场管理，坚决及时地处理各种违法行为。工商行政管理部门和税收、物价、公安、交通运输等部门，都要按照放宽政策的各项规定，制定有关的管理条例，以便有所遵循。

中央一号文件的出炉，让曹德旺敏锐地觉察到商业新机遇即将到来。于是曹德旺问道："我一个人的力量怕不够，我必须联合几个人一起来包。您看可以吗？"

施副书记的意思是，只要曹德旺愿意承包就行，至于几个人承包，曹德旺自己拿主意就可以。施副书记还转告曹德旺，让他承包高山异型玻璃厂是公社的集体意见。既然是公社的意见，那么曹德旺如何承包高山异型玻璃厂呢？面对曹德旺的疑惑，施副书记实话实说："承包对公社也是第一次，你看什么条件能承包就按那个条件定吧。"

听到施副书记的话，曹德旺开出了合作条件，每年缴纳6万元承包费。但是在承包期间，曹德旺担任厂长，工厂经营的一切事情，都由曹德旺自己拍板决定，包括工人的聘用和薪资。

既然都承包给曹德旺，这样的条件也合情合理，施副书记答应了曹德旺。紧接着，曹德旺自学会计的优势就发挥了出来，询问施副书记道："会计科目的核算方式，会计科目的应用，按照1982年以前的会计核算科目。

折旧部分,原来是按20年计提,延续这个计提方法?库存的东西,能用的用,不能用的冻结封存,还给政府?"

听闻曹德旺专业且拥有充分的准备,施副书记也答应了曹德旺的要求。随后,曹德旺提出最后一个条件,那就是高山人民公社财政所必须委派一个专业会计到高山异型玻璃厂兼职做会计,这样高山异型玻璃厂的账务才能做得完整。这在20世纪80年代那个遍地是机会的福建,曹德旺的规范做法为后来的福耀玻璃一路高歌猛进、能够赢得反倾销打下坚实的基础。

对于委派会计的事情,超出了施副书记的职权,只能回答曹德旺说:"这事儿,我一个人做不了主,公社党委讨论后再答复你。"

在曹德旺的一再坚持下,高山人民公社果然委派了公社财政所的副所长方朝钦兼职异型玻璃厂的会计。

回到高山异型玻璃厂,曹德旺与厂技术员翁祖礼,以及高山仪表厂的林常胡、林传官、林文振,一起商量承包高山异型玻璃厂的事情。

经过商量,他们同意联合承包,还约定相关返利分成——完成承包任务后,超额返利的部分,他们4人各占10%,共40%,曹德旺个人占60%,其股份结构如图3-1。

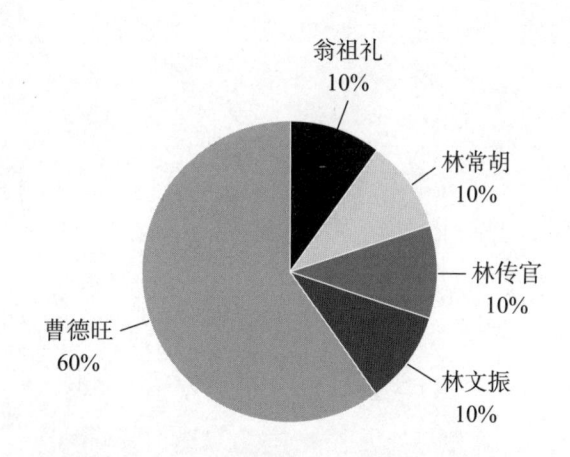

翁祖礼 10%
林常胡 10%
林传官 10%
林文振 10%
曹德旺 60%

图3-1 承包高山异型玻璃厂的股份结构

最后,以曹德旺全权代表翁祖礼、林常胡、林传官、林文振四人与高山人民镇政府（1983年，高山公社更改为高山镇）签订承包高山异型玻璃厂合同。

由于曹德旺长期从事采购和销售工作，对合同的签订非常重视。在承包高山异型玻璃厂时，但凡想到的、该说明的内容，曹德旺都写到合同文本内容里，避免了诸多商业纠纷。

开启试点合资先例

1984年春节后，林正耕书记和何齐祥镇长一起与曹德旺协商，希望曹德旺能够继续承包高山异型玻璃厂。

林正耕书记和何齐祥镇长抛给曹德旺的问题让他十分为难。曹德旺解释说道："今年看起来包不成。一是原来和我一起承包工厂的人都拿钱走人了，团队散伙了。二是工厂设备已经老化，需要更多的维修费用和维修时间，这会影响到承包的效益。三是我个人一直在寻找一个长期、稳定、可追求的事业。通过去年的承包，我发现承包制并不是彻底解决企业危机的办法，它只能治标，不能治本。"

不明经营之道的林正耕书记不解地问曹德旺的个中缘由。曹德旺坦言，按照正常的工厂承包，承包者肯定追求短期效益，通过掠夺式的经营方式实现承包利益最大化，从不会考虑工厂其后的存活，以及可持续发展等诸多问题。因此，在承包问题上，需要改变之前的做法。最好的办法是，建立一个长效的合作机制。至于是一个什么样的机制，当时的曹德旺并没有想好。林正耕书记与曹德旺就这样结束了第一次承包意向谈话。

几天后，林正耕书记把曹德旺叫到他的办公室，征询曹德旺的承包意见。林正耕征询曹德旺说："德旺，把承包改成合资怎么样？玻璃厂与你合资，如何？"

曹德旺当然想与高山镇人民政府合资来经营异型玻璃厂，其好处有如下几个：第一，在当时，个人与政府合资可以解决企业经营合法性的问题。第二，贷款等融资问题更加便捷。第三，政策风险近乎降到最低。

鉴于此，曹德旺有心与高山镇人民政府合资，但是曹德旺却把1983年赚到的钱用来盖房子了，此刻的他已经拿不出与政府合资的钱。

在筹建和经营高山异型玻璃厂的过程中，曹德旺的经营能力已经渐渐地凸显出来，林正耕书记当然知道曹德旺的管理能力，说道："只要你有决心，这个好解决。我们可以协调银行给你贷款。你把房子抵押给银行，不就可以了？"

林正耕书记的提议，让曹德旺看到建立长效合作机制的可能性。当曹德旺敲定与玻璃厂的合资联营后，林正耕书记也提出来要求。第一，工厂不能停。第二，承包金额是6万元。这两个要求既保证了高山镇收入正常，又保证了工厂原来的生意不会受到影响。

曹德旺同意了林正耕书记的两个条件。多年后，曹德旺写道："其实，我接受，还有另一个原因。就是几天前，我在石竹山抽的那个签和老和尚临别的再三叮咛。在当时，企业承包正轰轰烈烈地进行。因为上一年的4月1日，国务院又颁布了《国营工业企业暂行条例》。条例规定国营工业企业是社会主义全民所有制的经济组织，企业实行党委领导下的厂长（经理）负责制和党委领导下的职工代表大会制。"

尽管曹德旺和镇政府谈好了合作条件，但是在改革开放早期，很多事情都是新生事物，比如曹德旺和玻璃厂的合资方案，之前没有过相关的范例，政府也没有颁发过相关的文件。

在"摸着石头过河"的时代，激情的改革正火热地进行。高山镇相关领导向当时的福清县县长报告了此事，县长同意以高山异型玻璃厂作为合资试点。

当时的福清县同意高山异型玻璃厂合资，当然也是有原因的。第一，从1977年筹备到1984年，工厂设备已经老旧。第二，1983年、1984年连续两年的重负荷生产，工厂设备耗损严重，早该更新设备了。第三，重购设备、技术更新需要更多的投入。第四，高山异型玻璃厂刚刚从亏损中解脱出来。第五，经过几年的考察，曹德旺的经营能力已经显露出来。第六，曹德旺答应提供合资资金。

综合上述几点，高山镇政府提出合资要求：第一，高山镇政府以账面资产17.5万元入股，持股50%。第二，曹德旺和其他投资者共投入17.5万元资金，持股50%。第三，投入的17.5万元现金用于设备的更新和技术改造。

多年后，回顾这段合资经历，曹德旺写道："有关合资的谈判，从1984年4月一直到6月，因为一年已经过半，签订合同的时候，就约定从1985年1月1日开始执行。不过，1984年仍需按1983年的承包合约履行，也就是说，我仍然需要在1984年度向镇政府上交6万元。镇领导说，没有这6万元，政府的财政支出会很困难。"

曹德旺答应高山镇政府的要求，是因为曹德旺知道，高山玻璃厂一年能赚取10万元左右。不过，与曹德旺一起出资的投资者不同意曹德旺的做法。

客观地讲，其他几个投资者不同意曹德旺的做法，源于当时的社会环境。关于1983年的经济犯罪，财经作家吴晓波在《激荡三十年》一书中写道：

尽管任何一段历史都有它不可替代的独特性，可是，1978—2008年的中国，却是最不可能重复的。在一个拥有近13亿人口的大国里，僵化的计划经济体制日渐瓦解了，一群小人物把中国变成了一个巨大的试验场，它在众目睽睽之下，以不可逆转的姿态向商业社会转轨。

在过去的20多年中，世景变迁的幅度之大让人恍若隔世。有很多事实在今天看来竟是如此的荒谬和不可思议，在1983年之前，政府明令不允许私人买汽车跑运输，一个今天已经消失的经济犯罪名词——"投机倒把"在当时是一个很严重的罪名。在江浙一带，你如果骑着自行车从这个村到另外一个村，而后座的筐里装了3只以上的鸡鸭，如被发现的话，就算是投机倒把，要被抓去批斗，甚至坐牢。在温州地区，我们还找到了一份这样的材料，一位妇人因为投机倒把而被判处死刑。到20世纪80年代末，买空卖空还是一个恶劣名词，茅盾在小说《子夜》里生动描写过的那些商人给人们留下了太过深刻的印象。到1992年前后，商业银行对私营企业的贷款还规定不得超过5万元，否则就算是"违纪"。[①]

在这样的经商环境下，曹德旺费尽了口舌，也很难说服其他几个共同投资者。争吵了好几天，曹德旺与其他投资者无法达成共识，依旧坚持

---

① 吴晓波.激荡三十年：中国企业1978—2008年（上）.北京：中信出版社，2007：52-58.

"1983年赚到的钱，分到手即退出"的做法。

事实证明，在关键时刻，那些功成名就的企业家能够洞察到时局的变化和各种风险。对此，《21世纪经济报道》以"您认为创始人和掌舵者的个人魅力在企业发展中有什么作用"为提纲采访了曹德旺。

曹德旺认为，创始人起到的是灵魂作用。曹德旺说道：

"我是福耀玻璃董事长，我总觉得企业成功必须有自信。

第一个是政治自信。所有人做什么都得讲政治，企业家的政治就是敬天爱人。敬天就是遵纪守法，遵章纳税；爱人就是爱员工、爱供应商、爱客户、爱股东，保护他们的利益，你做到了人家会很尊重你。

第二个是行为自信。敢作敢当，敢于感恩，敢于挑战。

第三个是文化自信。要有信仰，要培养悲悯心、同情心、善心，信仰可以带来很多很多的知识和智慧；要有足够的从业经验；要有渊博的知识，无论是财务会计还是采购销售。

第四个是能力自信。能力要足够支持决策管理，就是老子讲的德要配位。能力还必须大过职务、职位，这样才会成功。我很不客气地讲，当然我具备这些条件。"

与其他投资者不同的是，虽然当时的环境遭遇诸多不确定性，但是曹德旺却坚信，既然国家制定改革开放的方针政策，大的方向是不会变化的。

面对其他投资者的反对，曹德旺不得不向高山镇党委、镇政府报告再次承包与合资遭遇的最大困难——此前的几个合伙人都不愿意再继续下去。

得到曹德旺的反馈信息后，高山镇党委和镇政府一起出面，先后与曹德旺的几个合伙人谈话，但不论怎么沟通，他们都拒绝进一步协商。

最后只剩曹德旺一个人了，曹德旺尽管同意与高山镇政府合资，但是他没钱合资。于是，开始了一个变通的做法——高山镇领导决定按此前说的协调银行给曹德旺贷款。

高山镇领导找到农业银行高山营业所所长施常林，向其传达了镇政府希望该所向曹德旺提供一笔贷款的意见。具体的操作是，可以把曹德旺的房子作为贷款抵押。囿于当时银行没有以自住房屋作为抵押物贷款的先例，施常林不同意给曹德旺贷款。

被镇领导搞得实在没有办法的施常林所长提议："除非镇政府同意做这笔贷款的担保人。"

高山镇领导大手一挥说："这个没问题……镇政府可以做担保人。"在高山镇政府的斡旋下，曹德旺的合资资本问题就这样解决了。随后，高山镇财政所所长黄宗金、企业办会计林文俊和曹德旺的朋友林庆平相继参股，他们与曹德旺共持有高山玻璃厂50%的股权。

曹德旺说道："承包资金的解决，用我们信佛人的话说，是我的福报——当采购员时运用串换指标的手法，帮助南平政府解决了许多困难，成为他们的座上宾，现在，他们向我伸出援手，同意借3万元给我。"

此外，曹德旺能贷款8万元，是因为曹德旺把自己和曹河仁修建的房子抵押给福清市农业银行高山镇营业所，同时还有高山镇政府的担保。曹德旺帮助过的南平市政府非常痛快地借给曹德旺3万元。曹德旺一共筹集资金11万元。黄宗金、林文俊、林庆平3人共筹集资金6.5万元，合计17.5万元，曹德旺成了合资方个人股东中占比最大的股东。

经历诸多磨难，曹德旺与高山镇合资联营高山异型玻璃厂。其后，曹德旺开始了一系列的管理变革——推广管理会计制度，树立会计的权威性，并对工资结构实施改革。

作为合资企业，曹德旺率先进行工资改革——"按完成的数量与质量进行考核的双重标准，以此考核发放工资，上不封顶。工人由原来固定的8小时白班，变成三班倒，设备24小时不停地运转。为此，又向社会新招收了60名工人。工资水平也从原来的18元提高到了100元左右。在当时，这个工资比县委书记的还高。"

曹德旺的工资改革取得成效，打破了原来"大锅饭"体制下"干多干少一个样"的状况，极大地调动了新老员工的生产热情。产量与承包前相比，翻了几倍。合资联营才4个月的时间，曹德旺就完成了6万元的承包款。

招聘自己想要的员工

很多企业招工时，一些人会通过熟人介绍让自己的亲朋好友进入企业。

当曹德旺的工厂建设正在有条不紊地展开时，招工也在紧锣密鼓地进行着。但员工招聘还没正式开始，各路人马就开始行动起来，有关系的人直接过来打招呼。面对问题，曹德旺决定另辟蹊径。

曹德旺决定，此次招聘员工，不会招收一个关系员工。于是，曹德旺去寻求福清县县委书记陈元春的支持。在拜访之前，曹德旺拨通了县委书记办公室的电话，约好见面的时间。

曹德旺与陈元春说明原委，同时也阐述了自己的想法。陈元春赞成曹德旺的主张，说道："就按你的想法办，拿去考，按照成绩，该招谁就招谁。"

得到陈元春的支持，曹德旺心里就有了底气。第三天，福耀玻璃在宏路和福清的南门张贴了招工考试告示。

告示的内容如下，考试时间和地点，考试科目只有语文一门。

据曹德旺介绍，在此次招工考试中，共有300多名考生报名。为了公平和公正，曹德旺做了以下几件事情。

第一，防止试题内容泄露。曹德旺专门赶到福州第一中学，把语文教师请到温泉大饭店出考试题，并且在福州印好，再封存。

第二，防止替考，给考生发放准考证。

第三，曹德旺亲自向考生发放考试卷，且担任监考，防止考生作弊。

第四，在发考卷之前，曹德旺一再告诫坐在福清侨兴轻工学校教室里的300多名考生，要认真考试，一定会保证公平竞争。

第五，考试结束后，曹德旺把考卷装好、封装，立即把考卷送到福州一中语文老师那里，让其阅卷。

第六，优先聘用真才实学的考生。语文老师批阅之后，招考的考试成绩终于尘埃落定。随后,曹德旺叫来办公室主任,问道:"现在手上一共收到了多少介绍信?"

曹德旺得到的答案竟然是"100多张"。随后,曹德旺吩咐办公室主任把名单上有关系的人用记号标出来。

曹德旺又吩咐办公室主任把没有关系的考生成绩按照分数从高到低的顺序排列,并按照此顺序打一份名单交给他,并通知该名单上考试成绩前100名的考生参加面试,其他关系的考生作为候补。

就这样,曹德旺解决了员工招聘问题,同时也招到了真才实学的员工,为福耀玻璃后续的发展选拔了优秀的核心人才。

水表玻璃标准

合资联营顺利的开局，给曹德旺的战略扩张增添了信心。正当曹德旺热情高涨、积极准备扩张时，他获悉了一个市场销售集中反馈的问题——按照水表玻璃图纸生产出来的产品，当销售人员把产品送到不同水表厂，每次都会有不同的反馈信息。

在当时，水表玻璃需求很旺盛，产品紧俏，但是却在发货时还必须帮他们购买海鲜才能正常销售。

这个看似细小的问题，引起了作为销售员出身的曹德旺的高度重视。曹德旺直觉认为自己生产的水表玻璃产品出现异常，要么是产品出现质量问题，要么是产品质量以外的问题。

摆在曹德旺面前的问题是，只有真正地找到问题的根源，才能真正地解决此次水表玻璃异常问题，否则后续的问题还会更多。

曹德旺召集技术部门、生产部门和销售部门的相关人员开会，通过各种比对，曹德旺发现了问题所在。

之所以出现这样的问题，是因为部门与部门之间制定的标准不同。曹德旺举例说："玻璃归建材部管，建材部标准对同一片玻璃厚度公差的允许值是±0.2毫米，而一机部仪表局对水表玻璃设计的公差允许值却是±0.02毫米。两个公差的允许值相差了10倍！用游标卡尺来测的话，玻璃肯定是不一样的，所以建材部允许有±0.2毫米的公差，±0.2毫米公差是很大的，6毫米的浮法玻璃国家标准为6mm（±0.2），一片玻璃5.8毫米到6.2毫米就算是合格的，可是若用这个标准生产出来的产品，到了一机部就不合格了，它要求的公差是±0.02毫米（即一片玻璃5.98毫米到6.02毫米才算合格）。但玻璃不是木头，是不可能像刨木花一样推平的。图纸设计时是一个标准，使用时采用的又是一个标准。"

曹德旺发现，按照"一机部关于水表的标准，简单地概括，有四点：一是厚薄公差为±0.02毫米；二是水表玻璃边部加工要求为8级，即不得有斑点，要磨光边；三是每平方厘米应承受15千克的压力；四是玻璃表面不得有划伤，清晰便于读表。问题就出现在前两个要求上。一是厚薄公差，两个部门的要求不同；二是加工按8级精度要求，如果水表的表边凹进去的部位磨不过边的话，就算有缺陷产品。"

找到问题的所在，曹德旺马不停蹄地寻求相关部门的帮助解决此问题。曹德旺拿着图纸赶赴一机部仪表局，提出当前产品标准问题的所在，要求一机部修改原有的图纸标准。

接待曹德旺的官员告诉他，反馈的问题需要曹德旺到上海热工仪表研究所才能解决，同时，还给了曹德旺上海热工所的单位地址。

按照仪表局给的地址，曹德旺找到了上海热工仪表研究所。接待室的工作人员领曹德旺走进了所长办公室。见到所长，曹德旺介绍说道："所长，我姓曹，是福建高山异型玻璃厂的厂长。我们工厂是专业生产水表玻璃的。我今天来，是要向您反映一个情况，希望能得到您的支持。我认为，你们对水表玻璃的设计图纸有必要做些修正。"

上海热工仪表研究所所长听到曹德旺反馈的问题，吃惊不小。曹德旺解释道：

"是这样的，在我们的生产和销售过程中，我们发现贵所设计的图纸，标准存在一些问题。具体来说，根据设计，水表压力要承受15公斤，是为了安全考虑；表面清晰便于读表也是需要的。

问题在于，第一，厚薄公差要求达到±0.02毫米，和建材部对于浮法玻璃厚薄公差±0.2毫米的要求，相差整整10倍。

第二，水表玻璃边部的磨边要求为8级精度，是否太高了？水表玻璃的边部多有凹进去的部位，那部分很难磨到。实际使用中也没有这个必要——玻璃的厚薄公差即使是建材部的±0.2毫米，都不会影响使用者看水表的刻度，也不会有人在买水表时将盖拆下来看玻璃的磨边是否符合标准。

第三，设计稿上，没有标明水表玻璃是用普通浮法玻璃还是磨光玻璃，磨光玻璃的价格是普通玻璃的10倍！由于标准出自国家，但又不适用，极易造成社会的不公平交易，更易导致腐败现象的产生：有吃饭、有送礼的就将货收了，没有就习难不收。国家玻璃的资源本来就紧张，如此一来，岂不要造成很多玻璃的浪费？因此，我希望，你们能根据实际情况修改一下你们的设计图。"①

上海热工仪表研究所所长耐心地听完了曹德旺的信息后，和声地对曹德旺说："曹同志，您反映的情况很好。不过，修改设计图有困难，下个月有个行业会议在宁波召开，我邀请您参加。到时候，您在会上把您的这个想法说出来，我们再来讨论，设法解决你们遇到的这个问题。"

次月，曹德旺接到上海热工仪表研究所的邀请通知，参加宁波相关会议并发言。当曹德旺介绍了两个主管部门的行业标准问题后，参会的专家学者同意曹德旺的建议。会上，上海热工仪表研究所所长说："以后，谁使用高山异型玻璃厂生产的玻璃就不要打开盖子抽检。厚薄的公差与建材部一致，按0.2毫米。"

曹德旺此行大获全胜，其订单数量惊人。数据显示，在当时国内的水表市场，水表产量是220万只，高山异型玻璃厂就占据了200万只，占据90%的中国水表市场。

1983年，高山异型玻璃厂首次实现盈利，利润高达22万元，扣除6万元承包款项，高山异型玻璃厂的利润高达16万元。

多年后，曹德旺回忆说："1983年，这一年，高山玻璃厂不仅第一次实现了盈利，而且赚了很多钱，赚了多少呢？赚了22万（元），扣除上交给政府的6万（元），我们还剩下16万（元）。按照合同，我们5个人领取了16万（元）的60%，即9.6万元。我拿到了近6万元，我又成了万元户了。"

---

① 上海交大高净值研究院.曹德旺——做片属于中国人自己的汽车玻璃[J].商业文化（27）：08-08.

第4章

涉足汽车玻璃

第4章 涉足汽车玻璃

1983年底，承包高山异型玻璃厂的曹德旺，赚到巨额利润，成为地方富裕大户。随着水表玻璃的生意越做越好，曹德旺开始更新设备和修建新的厂房。

1984年6月，曹德旺开始扩建生产规模。在保留旧厂的前提下，在工厂原来的空地上修建一座三层楼的水表玻璃厂房。顶层作为成品库房，二层作为预处理，底层作为磨边厂房。把钢化车间修建在厂区的西北侧。

就在曹德旺紧张有序地进行规模建设时，一次旅游却让曹德旺毅然转换赛道方向，涉足汽车玻璃制造这个潜力巨大的蓝海市场。

洞察汽车玻璃商机

1984年，改革开放已经6个年头，对曹德旺来讲，这一年打开了一个新的天地。在一次偶然的事件中，曹德旺开始涉足汽车玻璃生产，拉开了中国汽车玻璃制造的序幕。

1984年6月，曹德旺到福建省北部的南平市去出差，福建省南平市经济技术协作办公室给曹德旺安排了一辆汽车送他到武夷山游玩。

其间，曹德旺在游玩景区旅游纪念品市场时，看到一根非常结实好看的竹根拐杖。曹德旺爱不释手，打算将其送给母亲。

随后，曹德旺把竹根拐杖当作一根扁担使用，挑着其他物品。正当曹德旺准备上车时，驾驶员吴锋善意地提醒曹德旺，上车时尽量小心一点，别碰车玻璃。"万一破了，你可赔不起。"

驾驶员的话让曹德旺有些错愕，作为万元户的曹德旺自然不相信自己赔不起那块汽车玻璃。在曹德旺看来，一辆海狮车没什么大不了的。见曹德旺不屑一顾，吴锋补充道："真的很贵，老曹，一片就要几千块钱呢。"

一路高歌猛进的曹德旺，自然不会相信吴锋"一片就要几千块钱"。出差回来后，曹德旺到汽车修理店去求证吴锋说的是否真实。结果让曹德旺大吃一惊："马自达汽车，换一块前挡玻璃，6000元，若急，8000元。"

如此过于离谱的价格让曹德旺看到了汽车玻璃的巨大商业市场。1984年，在南方市场，小轿车大多数都是进口的，也有一些是走私入境的。曹德旺还了解到，这些车辆，购买时价格非常低廉，一般几万元，一旦玻璃坏了，换玻璃就异常困难，一个重要的原因是中国本土不能生产汽车玻璃，汽车玻璃进口又十分昂贵，需要等待较长的时间。

曹德旺说："那时候，我们常常能看到公路上跑的车，不论是小轿车、越野车、商务车、大巴或者大货车，车窗玻璃破了就用胶纸贴着，前挡也好，后挡也好，边窗也好，应付着用。不好看不说，安全首先是一个大问题。当时进口汽车玻璃价格昂贵，破了也换不起，只能用胶纸黏着。"

哪里有抱怨，哪里就有需求，哪里就有市场。一向敏锐的曹德旺看到了机会，一块1平方米的玻璃成本也就几元，加工一下，其成本最多也就十几二十元。当如此庞大的需求摆在曹德旺面前时，他决定生产汽车玻璃。即使一块销售几百元，一方面可以替代日本进口的汽车玻璃，降低中国汽车用户的使用费用，另外一方面还可以赚取高利润。

曹德旺说做就做，立志要做中国自己的汽车玻璃，同时还让所有中国用户能用上、用得开心、用得安心的汽车玻璃。多年后，曹德旺直言："现在想想，做企业，目标很重要。只有方向正确了，企业才能走得远。"

上海耀华助力

"天将降大任于是人也",中国汽车玻璃的制造重任给了曹德旺。在随后的日子里,曹德旺开始收集汽车玻璃制造的相关信息。

几天后,曹德旺踏上了奔赴上海的旅途。之前,曹德旺频繁出差上海,加上经常购买一些上海耀华玻璃厂生产的小规格平板玻璃,结识了上海耀华厂副厂长石宏藏。

到达上海后,曹德旺好奇地询问石宏藏,为什么上海耀华不上马进口汽车玻璃的项目?石宏藏给了曹德旺几点理由:第一,汽车不是中国制造。第二,市场车型太多、太杂。第三,维修市场某一单品的数量太小,其单品成本太高,根本就没办法赚钱,即使生产出来,也无法销售。

面对这样的理由,懂得成本核算的曹德旺再也明白不过其中的道理。两天后,曹德旺又在上海耀华厂里见到了石宏藏。石宏藏知道曹德旺打听汽车玻璃背后的意图,就告诉曹德旺说:"曹德旺,你前天说的汽车玻璃的事,我认为你可以做……你可以一个品种一个品种地做,每个品种做几百片,再集中起来在全国各地的维修市场上卖,你不就有利润了吗?"

听到这个消息,曹德旺异常兴奋,更让曹德旺欣喜的是,石宏藏答应帮助曹德旺弄到设备和技术,只不过需要曹德旺支付相关的2万元费用。

对于此刻的曹德旺来讲,2万元费用虽然不高,却让曹德旺疑惑不已。设备和技术的转让费用为什么是2万元这样的低价格?

看到一头雾水的曹德旺,石宏藏在办公室把实情告诉了曹德旺。上海耀华正在引进先进的进口设备,一旦安装新设备,无疑会淘汰旧设备。

石宏藏说:"旧设备的一套图纸也没有用了,可以卖给你。你拿回去后,赶快做,应该可以赚一些钱。这个设备,虽然我们淘汰了,但应该还是有几年的市场。你的2万元,不仅是买图纸,也买技术。耀华会负责安排一批技术人员帮你……你要拿2万元到耀华的工会去买这些图纸,我跟厂长也报告过了,厂长同意这2万元给工会做费用。"

石宏藏补充道:"2万元,包括给你们的技术支持。不然图纸买去,没有技术工人的培训和技术人员的帮忙,有设备也生产不出玻璃来……到时候,你把工人送来培训,设备所需要的零部件你都整齐了,我这里就派技术人员过去帮你安装。他们的费用要你们出。"

对于曹德旺来讲,这样的商业机会是绝对不能错过的,但是在当时的条件下,曹德旺得先与高山镇政府商量后才能决定,尤其是资金如何解决。

天时、地利与人和

让曹德旺没有想到的是，涉足汽车玻璃制造的路途竟然如此顺利，甚至出乎他的意料。兴奋万分的曹德旺，连夜乘坐火车赶回福州。

第二日，曹德旺先是找到了农业银行高山营业所的施常林所长。曹德旺告诉施常林所长："我想做汽车玻璃。"

随后曹德旺介绍了自己与上海耀华达成的初步合作意向。面对曹德旺提出的贷款问题，施常林所长也有所顾虑，问曹德旺："那水表玻璃怎么办？"

曹德旺还处在高度的亢奋状态，手舞足蹈地对施常林所长说："那不受影响。新的水表玻璃厂已经快建好了。"

另外，曹德旺告诉施常林所长，汽车玻璃的市场前景非常巨大。曹德旺说道："这是一棵摇钱树，每年可以给高山厂贡献几百万利润。我做了大致的评估，建汽车玻璃厂大概需要50多万元，没有什么风险。如果能得到你们的支持，我就去说服高山厂的其他股东，同意用厂房来抵押。"

考虑了两天后，施所长答应了曹德旺的贷款要求。融资的事情得到解决后，曹德旺正式向林正耕书记报告，打算进行汽车玻璃的制造。

听完曹德旺的扩张计划后，林正耕书记非常赞同，但是必须民主决策，并说道："这是大事，要通过党委研究才能定。我会很快给你答复。"

两天后，林正耕书记电话通知曹德旺，高山镇政府同意他的扩张，并要求曹德旺赶到自己的办公室。林正耕说道："党委研究过了，只要你认为项目好，镇政府又不用再出钱，同意上这个项目。"

得到政府的支持，曹德旺拍着胸脯说道："这肯定是一个好项目。"另外曹德旺告诉林正耕书记："镇政府不必再出钱。汽车玻璃生产线的钱已经有着落了。"

多年后，曹德旺在接受媒体采访时说："越是在困难的时刻，我们越要反思和总结，为什么我们的企业经不起疫情的折腾？因为不少企业在这些年进行多元化投资，现金流本来就很紧张，很多企业经不起疫情的冲击，一下子就倒下了。"

或许是为了更好地生存，曹德旺先得做好资金上的准备，所谓"兵马未动，粮草先行"。曹德旺回忆说道："合资后，高山厂的注册资金改为35万元。完成所有的改造需要70万元左右，好在银行支持，同意工厂用资产抵押，提供了50万元的贷款，资金的问题解决了。按照与镇上的合资合同，此前混杂在一起的其他几个镇企业都要搬到其他地方，腾出来的土地，就用来建水表玻璃的新生产线，已经建成投产了，上汽车玻璃可以和水表玻璃共用预处理车间，只要再建一座500平方米厂房用作钢化车间即可。接着是招工。从中学刚刚毕业，没有考上大学的学生中招。"

资金到位后，接下来就是人员的培训，这是曹德旺跟上海耀华厂副厂长石宏藏之前约定好的。1985年元旦，曹德旺启动了自己的人员培训计划，亲自送首批工人去上海耀华厂培训。与此同时，曹德旺根据图纸，采购如数需要的材料。

要在最短的时间里采购并加工完成所有的零部件，这是个棘手的问题。虽然很艰巨，曹德旺却通过动员自己认识的所有采购界的朋友一起来完成，这大大地提升了曹德旺完成任务的进度。

对于行外人士来讲，即使把图纸码放在案桌上，因为数量较多，又是一张一张的，稍不仔细，就容易出错。

面对困难，曹德旺向福州客车厂求援，请来了总工程师。总工程师到现场看了后说道："可以先将图纸按类别分好，比如，压机总成、钢化总成、驱动总成、炉体……分好后，按照分类同时发包给不同的人加工，这样最快，两个月准能回来。"

在总工程师的指导下，采购任务快速地分包出去。随后，采购的进度超出曹德旺的想象，但是新的难题又摆在曹德旺的面前。所有部件的组装中，两个组件问题让曹德旺难以解决。

第一，铸铁压机底部两个，每个重约1吨，还必须用铣床来铣。之所以认为难以解决，是因为当时不知道去哪里找到如此大的铣床。幸运的是，曹德旺请来的总工程师知道："能铣这么大铸铁的铣床，只有空八军后勤部有。"

此刻，春节已经很近了，接单的可能性已经很小。即使接单，也必须等到春节后，这样的话，仍旧会影响整个设备安装的进度。

凭借采购界的熟人，通过其他渠道找到空八军的后勤部长。当刘部长听了事情的原委后，当下拍板支持曹德旺。刘部长电话通知战士："春节期间不放假，加班加点，把高山异型玻璃厂的这套设备做完再补放假，可以多放几天。"天道酬勤，战士们牺牲春节假期，按时完成压机、压机底座铸铁的刨铣工作。

第二，鼓风机。一般地，生产一台鼓风机至少需要180天。按照当时的计划，曹德旺1985年1月才拿到图纸，即使是年前订购鼓风机，两个月是无论如何也没有办法拿到鼓风机的。

为了完成进度，曹德旺只能求助上海耀华厂。曹德旺的运气非常好，耀华之前采购了一台鼓风机，由于引进进口设备，有一台鼓风机还未提货。一名采购员说："耀华以前想建个新厂，鼓风机也订好了，但因为厂里决定改成用进口设备，所以，那台就还放在鼓风机厂里没有提回来。你若急着要，就去鼓风机厂签一台和耀华签的一样的风机，你把耀华的那台先运走，耀华需要时，就取你订的那台好了。"

1985年4月，在各路人马的帮忙下，图纸显示所需的设备材料已经准备就绪。曹德旺到邮局给上海耀华厂副厂长石宏藏发电报。电报是这样写的："石副厂长：材料已齐，请派人来安装，谢谢！"

接到电报的石宏藏压根就不相信曹德旺已经把这些工作都准备好，甚至在办公室称"曹德旺疯了"！之所以这样认为，是因为当初他和曹德旺约定的设备完工时间是1985年10月，这相当于提前180天。

为了了解曹德旺是否真的准备好，石宏藏决定安排钢化厂车间主任前去查看。石宏藏说道："你先去看看曹德旺到底疯成什么样了，他的设备材

第4章　涉足汽车玻璃

料是不是真的齐全了。"

当车间主任赶到曹德旺的工厂后大吃一惊，工厂里码放的是一个一个总成，而非单个单个的零散部件。于是，车间主任到邮政局打电话给石宏藏如实汇报曹德旺准备的情况。车间主任说道："石厂长，快派人来吧。曹德旺没疯，不，确实疯了——不知道他怎么搞的，居然是一个一个的总成摆放在车间里，加工的精密度超乎我们的想象，就等我们的技术人员来组装了。"

接到车间主任的汇报后，石宏藏委派了十几个技术人员赶赴曹德旺的工厂，其中就包括之前给高山异型玻璃厂解决技术难题的李维维工程师。

1985年5月，距离石宏藏给曹德旺提供设备和图纸仅仅只有240天，曹德旺的第一片汽车玻璃就生产出来了。

随后，工厂安排了一场非常隆重的剪彩仪式，由时任县长陈月珍剪彩。与陈月珍县长一同前来的还有县里各部门领导，以及高山镇的领导共一百余人。

1985年6月，曹德旺委托县乡镇企业局组织一场产品鉴定会。至于组织产品鉴定会的理由，曹德旺直言："汽车玻璃可不同于普通的玻璃，是跑在路上的房子。人在里面，安全自然是最重要的。因此，高山产的汽车玻璃，其安全性能如何必须通过检测。"

据曹德旺介绍，组织这场产品鉴定会耗资1万多元。通过此次产品鉴定会，高山能够生产汽车玻璃的商讯由此传遍中国。随后，闻讯而来的人络绎不绝，其中多数是经营进口车配件的经销商，甚至也有开着车直接到厂里更换玻璃的用户。

第5章

引进技术和设备

第5章　引进技术和设备

在任何一个时代，英雄之所以能够成为英雄：第一，拥有能够成为英雄的土壤。第二，英雄自我突破的勇气和决心。第三，英雄与时代共舞的技能和领导力。

20世纪80年代，改革开放的浪潮正在汹涌澎湃地激励那些敢想敢干的创业者们。随着改革开放的展开，大量的进口汽车涌入中国市场，日本汽车玻璃企业闻风而动，成本价只有一两百元的汽车玻璃，却销售几千元，如此暴利，自然让曹德旺心动不已。

此刻，中国汽车玻璃潜在的巨大市场已经显现，其巨大利润空间吸引福耀玻璃进入汽车玻璃领域。1987年，已经承包乡镇企业多年的曹德旺，又开始全新的出发。曹德旺集资627万元，成立了福耀玻璃有限公司，并把新的工厂设在福清宏路镇。在这样的时代际遇下，曹德旺开始了自己一段引进先进技术和设备的新征程。

引进芬兰技术

1988年，中国台湾地区一家电视公司制作了一部名叫《阿匹婆入学》的连续剧，在此剧中，编创人员把《爱拼才会赢》作为其主题曲。

曲中的词意鼓励诸多创业者，即使是创业失败，或者受阻，也要坚持奋斗。

的确，《爱拼才会赢》包含着闽商"爱拼敢赢"的性格写照。作为闽商的曹德旺，诠释了这样的打拼文化。1986年底到1987年，高山玻璃厂的生产规模和技术受到掣肘。面对瓶颈，曹德旺决定，组建中外合资公司——福建耀华玻璃工业有限公司。

1987年6月，依照《中外合资经营企业法》和其他有关规定，曹德旺成立福建省耀华玻璃工业有限公司。据了解，该公司是经福建省对外经济贸易委员会闽外经贸资字（87）204号文"关于同意中外合资经营福建省耀华玻璃工业有限公司的批复"批准，并于福州市工商行政管理局注册登记、领取中华人民共和国企业法人营业执照而设立的中外合资经营有限责任公司。1991年6月，公司经福建省经济体制改革委员会，福建省对外经济贸易委员会的闽体改（1991）022号文件批准改制为中外合资股份有限公司，并更名为"福耀玻璃工业股份有限公司"，并在福州市工商行政管理局办理了变更登记。1994年7月《公司法》施行后，公司对照《公司法》进行了规范，并依法履行了重新登记手续。①

一切都很顺利。1988年，位于宏路镇的福耀玻璃工厂开业。按照采购合同，芬兰泰姆格拉斯公司（Tamglass）给福耀玻璃提供相关的技术培训。

1988年11月，曹德旺接到芬兰泰姆格拉期公司的电报邀请函。大意是，

---

① 福耀.福耀玻璃工业集团股份有限公司章程（草案）.

泰姆格拉斯公司邀请福建耀华玻璃工业有限公司派出相关技术人员赴芬兰接受相关的技术培训。

在当时，人们的出国机会较少，福建省外办专门给曹德旺一行人讲解外事纪律。

出国考察可以开阔视野，提升领导者的管理水平。正如20世纪90年代，华为创始人任正非赴美考察改变了华为的赛道。

1993年，华为的销售额达到4.1亿元。任正非开始思索华为未来的发展方向，尤其是1991年曾经风光无限的王安电脑公司宣布破产保护。为了寻找王安公司倒下的真相，任正非带着诸多疑问，赴美考察寻找答案。带着这样的历史使命，任正非出访了波士顿。

众所周知，波士顿创建于1630年，位于美国东北部大西洋沿岸，因为"波士顿倾茶事件"而成为美国独立战争重要推动事件之一。

在任正非的眼里，1994年的波士顿依旧是那么美丽。在《美国考察散记》一文中，任正非写道：

波士顿是座美丽的城市，而且是南北战争的策源地，也是当年欧洲人开发美洲大陆的窗口。古老的房屋收拾得十分整齐，外表都刷着朴实的油漆。

这个城市的美，在于城市中处处都保留着小片小片的森林。沿街全是绿茵茵的草地，草地上种着阔叶树。这些枫树、橡树，冬天叶子都要掉得光光的。现在是秋天，树叶红的、绿的、黄的、黄绿的、褐色的、深红色的……在阳光的照耀下，全透明了，如诗如画，纷纷飘落的树叶，铺满了绿草地，好像一条五彩斑斓的地毯。[1]

在任正非的笔下，波士顿的美跃然纸上。波士顿虽然很美，但不是吸引任正非赴美考察的真正原因。之所以赴美考察，是因为任正非想学习和了解美国的公司管理文化。

在波士顿，任正非一行考察了CP公司。在当时，CP公司只不过是美国

---

[1] 任正非.赴美考察散记[J].深圳特区科技，1996（4）：38-41.

众多公司的一家小公司。然而，CP公司的精神却给任正非留下较深的印象。任正非由此了解到了美国人执着的钻研和认真精神。更让任正非收获不小的是，任正非看到了CP公司"如绅士风度一般的有条不紊、井井有条的管理"。尤其是CP公司的各类管理文件，更是十分清晰、准确。

当时的赴美考察给任正非极大的震撼，"美国人踏踏实实、十分专一的认真精神，精益求精的工作作风，毫无保守的学术风气"让任正非很佩服。这为日后任正非选择IBM作为自己的学习榜样打下了基础。

任正非写道："这个民族踏踏实实、不屈不挠的奋斗精神是值得我们学习的。"[1]

在此次美国之旅中，给任正非震撼的不仅仅是波士顿，拉斯维加斯也给任正非不一样的认识。当波士顿参观结束后，任正非一行专程奔赴和参观了位于拉斯维加斯的国际消费类电子产品展览会（International Consumer Electronics Show，简称CES），大约有50万人参观该展览。

正是此次参展，任正非看到了技术在企业竞争力中的作用。任正非反思道："中国人不出去看一看，闭门造车，不仅不可能赶上别人，而且可能从时代的列车上摔下来。"

同年底，格力电器董事长董明珠也出访美国。在美国的见闻，董明珠坦言收获不小。回国后，董明珠写道："去年（1994年）12月，我随全国政研会和全国轻工总会组织的赴美考察团，从美国的西海岸洛杉矶入境，到俄克拉何马城、纽约、华盛顿参观、考察，行程几千里，时间20天，虽属'跑'马观花，但仍感收获颇丰，印象鲜明。"[2]

或许在当时谁也没有想到，这两位出访美国的企业高管如今已成为世界行业的领军人物。在通信行业，任正非领导的华为成为当之无愧的行业冠军。

---

[1] 任正非.赴美考察散记［J］.深圳特区科技，1996（4）：38-41.
[2] 董明珠.赴美考察散记［J］.思想政治工作研究，1995（05）：38-39.

此刻，不少创建于20世纪80年代的初创企业，已经经历了之前的筚路蓝缕的阶段，甚至已积累了不少的财富，开始规划下一步的发展蓝图。其中，两个公司的选择最具代表意义，一个是华为，一个是格力电器。它们在1994年之后彻底地走向同一条重视研发的路。或许与任正非和董明珠在1994年访美有关。

回到出国考察前的曹德旺。接受福建省外办的培训后，曹德旺向相关出国培训的技术人员说道："外事纪律大家都知道了，我这里就不重复了。我们要感谢政府给我们出国学习的机会，我们一定要把真的技术学到手。"

曹德旺很重视此次技术培训，挑选的都是福耀玻璃的精英，甚至还分配给每个技术人员学习任务。曹德旺说道："这次出国学习，政府批给我们每人每天90美元，有人建议我们自带泡面省点花，省下来的钱可以带电器回来……我问过，不买东西的话，这90美元，足够我们在那儿的开销。因此，我建议我们这次出国费用，集中管理，吃完用完，若有剩下，全部上交……我们不带方便面出国，我们也不要外国人请吃饭，我们不要为了电器在国外把自己搞得太狼狈！外国人不知道我们每一个人的名字，但知道我们是中国人，我们在国外，代表的就是中国。我决定，这一次出国，除了茶叶一类的饮品，方便面什么的一包也不准带。钱，统一保管。"

20点，曹德旺一行人抵达赫尔辛基，作为中国香港代理商的林镇华专门接机。曹德旺一行人经过长时间的飞行，已经很疲惫了。

林镇华习惯地征询曹德旺一行人是不是先安排在酒店后再吃饭。已经饥肠辘辘的曹德旺说道："林先生，酒店的手续等等再办，我们都饿了，现在先去吃饭。"

林镇华随即带曹德旺一行人就餐。饭后，林镇华正打算结账时被曹德旺看见了，曹德旺对林镇华说，这顿饭他们自己支付，同时还给林镇华埋单。

这样的结果让林镇华满脸诧异。其后，在芬兰赫尔辛基的20多天的培训时间，曹德旺一行人始终牢记各自的学习任务，尽可能多地在泰姆格拉斯公司学习相关的技术。

每日晚间，曹德旺一行人都在学习和交流、讨论次日的学习计划。在此次技术培训中，曹德旺作为领导者，没有具体的岗位培训任务，但是曹德旺并没有闲着，而是考察泰姆格拉斯公司的生产车间，试图"尽可能多地了解烘弯夹层车间的流程管理、质量检测等一系列知识，车间里的各种表格，各种管理工具，有不懂的就问"。

在紧张的培训过程中，曹德旺一行人很快就度过了21天时间。随后，是周末。林镇华郑重地对曹德旺说道："今晚，泰姆格拉斯集团总裁请大家喝鸡尾酒。请大家回到酒店后换上正装，一会儿，销售总裁夫妇会开车来接大家，总裁会在酒廊里等。"

曹德旺不解地问林镇华，总裁宴请他们是有什么特别的原因吗？林镇华解释道："我也问过他为什么……总裁讲，他在你们身上看到了中国未来做玻璃的人。是我们向总裁汇报了你们在这里培训的情况，不同于其他的培训人员，你们总是很认真地学习，而且你们没有大箱小箱带着方便面，吃饭也都是自己解决，不像其他团队，周末总想要人请吃饭或带着出去外面玩。"

曹德旺一行人的学习态度，让我想到了海尔CEO张瑞敏一行人赴德国学习的场景。1984年10月23日，青岛电冰箱总厂从德国利勃海尔公司（Liebherr）成功地引进了当时亚洲第一条四星级电冰箱生产线。

据了解，德国利勃海尔是一家家族企业，是由创始人汉斯·利勃海尔在1949年创建的。经过几十年的发展，利勃海尔不仅成为世界建筑机械的领先制造商，同时也是一家欧洲知名的冰箱制造商。

在与德国利勃海尔的合作过程中，德国人的态度和标准让张瑞敏印象深刻。

在初期谈判中，德国人谈判的态度十分傲慢，对出售技术的价格丝毫没有退让的空间，甚至称："如果要便宜货可以买其他国家的，我们德国人要么不干，要干就一定是世界一流的。"

不久后，张瑞敏觉察到，德国人的傲慢和自信并不是没有原因的，而是其自身对品质的坚守。1985年，当海尔当众砸毁76台不合格的冰箱后，张瑞敏就提出，"要么不干，要干就要争第一"。正是这样的转变，开启了海尔创立名牌的序幕。

除了态度之外，德国人的标准也给张瑞敏留下极深的印象。德国很早就注重质量标准的制定，尤其是在"德国制造"一词产生后，德国对标准的构筑愈发重视，成立专门的标准制定机构，涉及几乎所有领域，每年发布上千个行业标准。[①]

在德国考察期间，张瑞敏就曾问德国合作方面的陪同人员："德国什么都有标准吗？"

"都有！"德国人很自信地回答。

由于当时天空正下雨，张瑞敏近乎抬杠地问道："下雨也有标准吗？"

德国人回答称，下雨虽然没有标准，但是下到地上就有标准了。陪同人员指着地上古力盖上的德国国家标准回答。

在海尔引进德国利勃海尔冰箱技术时，虽然中国还没有出台相关的冰箱标准，但是在当时，德国利勃海尔的冰箱标准竟然多达1942条。对于这些冰箱标准，海尔如获至宝。

当然，标准只是提升产品的一个方面，但是还必须建立在落地的基础之上。张瑞敏为了让这些冰箱标准落地，特此派相关人员学习和消化。张瑞敏说道："当时我们派去德国学习的人员由杨绵绵总裁带队。杨总和团队成员夜以继日翻译整理技术文件和标准，把德国人的冰箱标准完全转化过来。当时，中国共有三个企业引进德国利勃海尔技术，另一个企业和我们同时去德国学习，他们去了以后和当地陪同人员兑换点马克就去观光了。所以，德国人看到海尔去的人连周末都不休息，还每天加班到很晚，他们感慨地说，你们（海尔）是一群不一样的中国人。"

当青岛冰箱总厂成功地从德国利勃海尔引进了一条冰箱生产线后，为

[①] 张瑞敏.精神的力量［J］.商周刊，2014（05）：23-24.

了更好地提升职工们的技术水平，张瑞敏亲自带领团队到德国利勃海尔参加集中培训。在当时，去德国利勃海尔参加培训的企业有三家，分别来自青岛、杭州和武汉。

当另外两家参加培训的人员到达德国后，觉得繁琐的技术培训并不重要，也没有必要花十几天的时间来培训，便到处游玩德国。

与其他两个企业天壤之别的是，张瑞敏和其团队每天都学习到凌晨一两点，周六日也不休息，拉着德国的老师问问题，一定要把知识吃透。德国人看到后赞叹，青岛来的人和其他人不一样。许多年后，当年去参加培训的两家公司，一家已经消失了，一家则被张瑞敏兼并。[1]

对此，张瑞敏常讲："不管有多么好的设备，多么好的资产，都不可能增值，唯一可以增值的就是人。如果把人的素质提高了，企业就可以增值。"

这两件事情分别关乎态度和标准。如果说有差距，这就是差距。

---

[1] 任俊峰.张瑞敏：从砸冰箱到"砸组织"他让海尔勇立时代潮头［EB/OL］.

购买HTBS设备

除了宴请曹德旺一行人，随后的周一，泰姆格拉斯销售部经理带着曹德旺观看该企业的各部门，甚至还把曹德旺带到该公司实验室。

销售经理指着实验室内的一台设备说："这台HTBS（钢化炉），不用模具就可以做边窗玻璃。"

曹德旺饶有兴趣地问，这台钢化炉多少钱？

销售经理直言："190万（美元）。"

190万美元实在是太贵了，曹德旺只能遗憾地表示放弃。看到曹德旺的确购买不起的无奈神情，销售经理说道："没关系的，我也只是先让你看看，让你知道我们实验室里还有这样的设备。"

曹德旺试探性地问道："要是你愿意100万（美元）卖给我，我会考虑买一台。"的确，曹德旺很看好这台HTBS钢化炉设备，但是却无力购买。原因是曹德旺就在刚才已经购买了泰姆格拉斯公司的烘弯夹层炉设备。

对于曹德旺的报价，销售经理耸耸肩，摊开双手说："太低了。"

此后，返回福州的曹德旺虽然暂时无力购买HTBS设备，却心心念念地盘算如何购买。他的心里总是闪现"HTBS每40秒钟流出一片边窗玻璃，转而变成几百元钱"的场景。

在随后召开的董事会上，有人提出："高山厂生产的就是钢化玻璃，福耀玻璃要上钢化线，那高山厂怎么办？"

曹德旺说道："我也考虑过，我的意见是关掉高山厂，我也能集中精力管理福耀。"

当然，也有人说道："高山厂又不是您一个人的，怎么可能说关就关？"

面对他人质疑的观点，曹德旺说道："高山厂我有50%的股权，因此我有50%的决定权。另一半是镇政府的，他们没有经营能力，他们参股主要是想分红。所谓分红就是钱。我若同意将我的50%股权拥有的资产赠送给高山厂，作为关闭高山厂的条件，当然福耀也应该拿出至少50万元人民币补偿给高山厂。再说高山镇政府也是福耀的股东，对福耀有利的事，应不会反对。用这种方式关停高山厂，应该不会有很大的困难。"

曹德旺的理由是，第一，曹德旺自愿放弃高山厂50%股权的资产，反对的声音就没有了。第二，高山镇与董事会也都接受了曹德旺的主张。

虽然如此，当时董事会对是否上马钢化线项目还是有自己的底线——股东们不出钱，曹德旺怎么处理就怎么处理。

曹德旺正在为上马钢化线项目筹款犯难时，一个福州金融界朋友认为，只要项目有潜力，资金不是问题。为此，该朋友专门给曹德旺普及了有关国际融资种类及必备条件，曹德旺醍醐灌顶。

最终，曹德旺确定了解决钢化线融资的办法："我们选择了融资租赁手段，由省华福提供资金，县里的侨乡投资公司担保。"

就这样，曹德旺成功说服股东关停高山异型玻璃厂，同时也筹集到上马钢化线的项目资金。当福耀玻璃第一个夹层玻璃项目顺利投产后，曹德旺的心里有底了。

1988年6月，曹德旺正式向泰姆格拉斯公司发出采购HTBS设备的报价。

泰姆格拉斯公司非常重视此次设备的销售，委派三个人到福建，经过几轮艰难的谈判，曹德旺最终以108万美元的价格购买了HTBS设备。

一切如曹德旺的预期，1989年4月，该设备正式投产，仅仅180天就收回全部投资。曹德旺直言："更关键的是，赚到的还不仅是金钱，更有价值的是自信，以及股东与银行的信任。"

第6章

艰难上市

第6章　艰难上市

20世纪90年代，改革开放进入一个新阶段。1992年1月18日至2月21日，邓小平视察武昌、深圳、珠海、上海等地，沿途发表"南方谈话"，掀起了新一轮的创业热潮。

与如火如荼的下海潮相比，作为新生事物的资本市场，也在紧锣密鼓地展开。去新加坡考察让曹德旺眼界大开，同时也让曹德旺觉察到资本市场的巨大能量。经过一系列的艰难探索后，福耀玻璃终于上市了。这样的先例也体现了曹德旺的前瞻性战略眼光和敏锐的商业洞察力。

林仰波的建议

自从曹德旺购买芬兰 HTBS 钢化炉后,福耀玻璃凭借优质的产品品质,在市场拓展中势如破竹,半年的时间里,福耀玻璃不仅收回了购买芬兰 HTBS 钢化炉设备的成本,而且还在一年中赚到了 2000 多万元,福耀玻璃简直成为一台"印钞机"。

福耀玻璃强劲的赚钱能力,让该项目资金提供者、项目管理人林仰波兴奋不已。由于项目投资的缘故,林仰波时常考察福耀玻璃的生产情况,当然也会查看工厂的生产进度和财务报表。时间久了,林仰波与曹德旺相逢恨晚,成为莫逆之交。

有一次,在陪同林仰波爬石竹山的途中,曹德旺问林仰波:"仰波,您觉得我这个总经理合格吗?"

曹德旺之所以问这个问题,主要是试图解开他心中潜藏已久的一个心结。对于曹德旺的问话,林仰波直言:"很好了。我觉得您做得很出色。"

在曹德旺看来,总经理这个岗位,不是一般人可以胜任的,而自己学历较低,还是采购员出身。曹德旺问林仰波:"请问,在外国的总经理都是什么出身?都有受过怎样的教育呢?"

林仰波想了想,告诉曹德旺:"在国外,我认识的总经理中,最多的就是销售员出身,接着是会计师、工程师、律师,受的教育多是 MBA、BBA 的,也就是工商管理专业毕业的。"

一向爱学的曹德旺追问道:"MBA 专业的书,有中文版的吗?"

林仰波告诉曹德旺:"台湾地区有。"

求学若渴的曹德旺似乎看到了灯塔,问:"能帮我弄一套吗?"

在随后的时间里,林仰波按照 MBA 的教纲,专门给曹德旺购买了一套涵盖国际金融、国际贸易、管理会计、财务成本、微观经济学、宏观经济学、管理学、市场营销学、财务管理学、人力资源管理学、金融学、统计学、国际贸易理论与实务、质量管理等教科书。曹德旺直言："我的工商管理知识，也是自学的。"

不久后，林仰波再次来到福耀玻璃公司，当看完报表后，林仰波积极地邀请曹德旺去新加坡考察。

1990年，曹德旺应林仰波的邀请，奔赴新加坡考察。当曹德旺走出新加坡的樟宜国际机场海关，就看到前来接机的林仰波。

随后，林仰波把曹德旺安排到酒店入住，晚上邀请曹德旺用餐。次日，林仰波带领曹德旺参观新加坡的美景，同时还介绍新加坡的历史、城市发展以及对李光耀的评价等。

第三日，林仰波带曹德旺去他就职的银行考察。当曹德旺来到银行时，富丽堂皇的装潢让曹德旺新奇不已，尤其是100余人走进林仰波的办公室时，曹德旺才知道林仰波竟是该银行的行长。在办公室里，林仰波向曹德旺聊起了上市的话题。

林仰波问曹德旺："曹总，您有没有想过将公司上市？如果想，我可以帮这个忙。"

曹德旺与中国诸多企业家一样，不解地问："好好的公司，为什么要上市啊？这样股权不是就被稀释了么？我这么赚钱的公司为什么要上市呢？"

林仰波见曹德旺这样的反应，也觉得在情理之中。原因是，曹德旺是第一次听到上市的话题，甚至都不了解为什么要上市。随后，林仰波耐心地向曹德旺解释企业为什么要上市。林仰波说道："企业发展主要靠品牌技术、管理和资本三大要素。国际上常用解决资本手段分两大类：即资本类、流动资金类。现在中国虽然没有分，但也明确规定流动资金不得用于做固定资产投资。那么企业创办的时候，像您的企业一样，固定资产所用资金必须靠资本金解决，或者用租赁的办法。实际这也是资本融资的一种工具。在资本项下，融资有多种，但常见的有两种：一种是通过私募形式，像您企业现在这样，募集时要订合资合同，这样很不方便，再加上股东之间长期合作也会有意见分歧,那就影响了您的扩张。如果您是公募的公司,就是上市公司,那么这个问题就不存在。因为股票是在证交所交易,每天有人买卖,您可以上午决定买入,下午决定卖出,自由度很大,而且不受您买多买少限制,参与投资的人就多了。那么您想扩张,只要把可行性报告做好,报证交所批准后,就可公开募集资本了,因此利于企业扩张。但上市公司条件要求也比较高,必须是成熟的公司,一定的规模,良好经营业绩记录,如新加坡就规定规模在2500万新加坡币以上企业、连续三年盈利,无不良记录等。上市公司还有几个好处:一是可以提高知名度,因为您的股票挂在交易所每天交易,要买的人会去研究;二是如果企业要安抚管理层,可以设期权用以激励;三是只要具备扩张条件,资本永远不成问题。但也有风险,一是会遇到竞争对手恶意收购或抛售,从而扰乱您的业务;二是要接受所在地法律的监管……"

正如林仰波所言,一般地,企业上市的作用有以下几个,见表6–1。

表6–1 企业上市的六个作用

(1)上市有助于企业实现低成本、快速融资	融资是企业非常棘手的问题,而上市是企业在融资方面一个相对低成本的融资工具。事实证明,对于企业来说,上市仍然还是一种较为快速融资的方式之一
(2)企业减少对银行贷款的过度依赖	在企业的发展过程中,为了获得更好的发展,创始人往往会向银行寻求贷款,这样就会造成对银行有一定的依赖性。然而,当企业上市后,企业从资本市场融到资本,企业的资产负债率也相应大大地降低了。企业对银行贷款的依赖性也就相应地降低。相反,企业上市后,企业在银行的信用评级也会相应得到提高
(3)可融资和再融资	在企业的发展中,往往面临着可融资和再融资问题。当企业上市后,就可以进行可融资和再融资了。当然,企业可融资和再融资由此带来资金的乘数效应,从而获得更多的发展机会。比如,万科当初是以卖饲料开始的,后来凭借上市再融资获得了很多发展机遇,如今的万科在资本市场获得了充裕的发展资金
(4)低成本广告效应	不可否认的是,企业上市前后,众多媒体发表相关的分析文章,对于提升企业品牌有一定的作用

续表

（5）实现跨越式发展	当企业上市后，不仅募集了巨额的发展资金，而且还能利用募集的资金来完成企业产业链的整合
（6）提升企业的管理水平	当企业上市后，按照规定，企业必须引进科学的公司治理体系，建立一套规范的管理体制和财务体制，有助于提升企业的管理水平

虽然企业上市有明显的优势，但是可能遭遇股权稀释、信息披露制度等问题，导致部分家族企业不愿意上市，其原因有如下几个，见表6-2。

表6-2　部分家族企业不愿意上市的四个原因

（1）	当家族企业上市后，人们往往对上市公司尤其是那些高成长型企业上市有较高的成长预期
（2）	很多家族企业不愿意上市，其中一个理由就是不愿意接受上市公司严格的信息披露制度，因为家族企业一旦上市，就必须公开企业的信息，即使某些商业秘密也不例外，这是对上市公司竞争力的巨大挑战
（3）	当家族企业上市后，无疑就成为一家公众公司。家族企业对社会的直接影响以及自身社会形象都具有"放大效应"，一旦遭遇危机，家族企业的股票市值就可能大幅度缩水
（4）	家族企业上市就意味着家族企业创始人的股权被稀释，家族企业的经营战略或者某些经营决策也可能被更多人控制或者作出相应的改变，甚至有的家族企业控股权都有可能遭到旁落他人的危险，尤其是过去家族企业创始人独享利润将被极大地"摊薄"

关于信息披露，在这里以上海证券交易所为例。

1.上市公司信息披露的范围

虽然上市企业的信息披露内容较多，但是据上海证券交易所发布的《迈向新蓝筹——在上海证券交易所上市》报告显示，其报告主要分为两个：第一，定期报告，见表6-3[①]；第二，临时报告。见表6-4[②]。

[①] 上海证券交易所.迈向新蓝筹——在上海证券交易所上市，2019.
[②] 上海证券交易所.迈向新蓝筹——在上海证券交易所上市，2019.

表6-3 定期报告及主要内容

定期报告	年报	须在每个会计年度结束后4个月内公告
	半年报	须在每个会计年度上半年结束后2个月内公告
	季报	须在每个会计年度前3个月结束后1个月内公告
		不得早于1年年报披露
	三季报	须在每个会计年度前9个月结束后1个月内公告
定期报告的主要内容	公司的基本情况	
	业务数据摘要	
	董事情况	
	监事情况	
	高管情况	
	员工情况	
	会计数据摘要	
	公司治理结构	
	股东大会情况	
	董事会报告	
	监事会报告	
	财务报告	
	其他事项	

根据表6-3所示，定期报告包括年报、半年报和季报；定期报告的主要内容如下：公司的基本情况；业务数据摘要；董事情况；监事情况；高管情况；员工情况；会计数据摘要；公司治理结构；股东大会情况；董事会报告；监事会报告；其他重要事项。[1]

按照上海证券交易的披露要求，上市企业的年报必须在每个会计年度结束后4个月内公告；半年报必须在每个会计年度上半年结束后2个月内公告；一季报，必须在每个会计年度前3个月结束后1个月内公告，不得早于

---

[1] 上海证券交易所.迈向新蓝筹——在上海证券交易所上市，2019.

上一年年报披露时间；三季报，必须在每个会计年度前9个月结束后1个月内公告。①

表6–4　临时报告及常见的重大事件

临时报告	公告时间	当有关重大事件发生后，上市公司应立即向中国证监会和上交所报送临时报告，并予公告
	报告内容	需说明事件的起因、目前的状态和可能产生的法律后果
	对重大事件的理解	对股票交易价格可能产生较大影响，投资者尚未得知的事件
常见的重大事件	公司的经营方针或经营范围发生重大变化	
	公司有重大的投资行为或购置财产的决定	
	签订重要合同	
	发生重大债务违约情况	
	发生重大亏损或重大损失	
	生产经营的外部条件发生重大变化	
	董事、1/3以上监事或经理发生变动	
	持股5%以上股东或实际控制人发生变化	
	公司减资、合并、分立、解散及申请破产	
	涉及公司的重大诉讼	
	股东大会、董事会决议被依法撤销	
	被司法机关立案调查	
	董事、监事、高管涉嫌犯罪	

根据表6–4所示，临时报告发布的内容为常见的重大事件，内容如下：公司的经营方针或经营范围发生重大变化；公司有重大的投资行为或购置财产的决定；签订重要合同；发生重大债务违约情况；发生重大亏损或重大损失；生产经营的外部条件发生重大变化；董事、1/3以上监事或经理发

---

① 上海证券交易所.迈向新蓝筹——在上海证券交易所上市，2019.

生变动；持股5%以上股东或实际控制人发生变化；公司减资、合并、分立、解散及申请破产；涉及公司的重大诉讼；股东大会、董事会决议被依法撤销；被司法机关立案调查；董事、监事、高管涉嫌犯罪。①

2.信息披露制度的基本原则

之所以要求上市企业披露真实企业信息，作用有两个：第一，利于投资者更好地了解企业的经营情况，评估其投资风险；第二，让证券市场更加透明和规范。

按照相关的法律法规，所有上市企业都必须真实、及时、准确地披露年度财务报告、中期财务报告和重大事项公告，即使是ST、PT企业，也必须公布其季报。

既然如此，作为上市企业，其信息披露的基本原则主要包括以下几个方面：

（1）真实、准确、完整。

在公开发布的报告中，信息披露的内容必须真实、准确和完整。

所谓真实性，是指上市披露的信息必须是客观真实存在的，与客观发生的事实必须是一致的。

所谓完整性，是指上市企业所披露的信息，能够让投资者有足够的判断投资依据。

所谓准确性，是指上市企业披露的信息必须准确，尤其是其财务报告、盈利预测报告，是经过有资质的会计师事务所审计或审核过。

（2）及时。

当重大事件发生后，上市企业必须及时地发布临时公告。及时性原则，包括两个方面：一是定期报告的法定期间不能超越；二是重要事实的及时报告制度。这意味着当原有企业信息发生实质性变化时，上市企业必须及时地更改和补充发布公告，让投资者能够准确、及时地了解当前真实有效

---

① 上海证券交易所.迈向新蓝筹——在上海证券交易所上市，2019.

的企业事件信息。

（3）风险揭示。

根据"中国证券监督管理委员会关于发布《公开发行证券的公司信息披露内容与格式准则第7号——股票上市公告书》的通知"的文件显示，发行人在公开招股说明书、债券募集办法、上市公告书、持续信息披露过程中，对有关部分简要披露发行人及其所属行业、市场竞争和盈利等方面的现状及前景，并向投资者简述相关的风险。

（4）保护商业秘密。

根据"中国证券监督管理委员会关于发布《公开发行证券的公司信息披露内容与格式准则第7号——股票上市公告书》的通知"的文件显示，由于商业秘密等特殊原因致使某些信息确实不便披露的，发行人可向中国证监会申请豁免。

上市企业在公开披露前，内幕信息也被视为商业秘密。基于此，在没有公开披露内幕信息时，任何当事人都不能违反泄露有关信息的法规，或者利用内幕信息牟取不正当利益。一旦被发现，当事人将为之付出惨重代价。

改革开放的试验品

虽然林仰波大费周章地给曹德旺讲了很多上市的问题，曹德旺却没有搞清楚上市是怎么一回事，但是他还是觉得林仰波说的是一个好点子。究其原因，曹德旺与林仰波的接触中，林仰波给曹德旺足够的信誉。曹德旺对林仰波说道："今天也不早了，我先回去消化一下，您的意见这事从长计议，回头再聊。"

随后曹德旺途经香港，参加了福辉公司赴港成功上市的仪式。在仪式上，曹德旺见到了时任省政府秘书陈元魁。

其间，曹德旺介绍了林仰波邀请自己考察新加坡的事情。陈元魁认识资本市场上的大咖林仰波，曹德旺就和陈元魁介绍了林仰波建议福耀玻璃上市的事情。

当曹德旺讲起上市时，陈元魁似乎想起了什么，说道："对了，目前，省政府也正在找一家企业做国内证券市场上市试验，我正好找不到这样的试点。你若真的想上市，我就推荐你，怎么样？"

曹德旺回答说："可以啊，我的企业本来就是改革开放的试验品。省政府需要试验的，就拿去试吧。"

陈元魁点点头："到时候我找你。"

1991年春节后，福建省政府派出一个由福建省体制改革委员会和人民银行组成的工作组专程到福耀玻璃，讨论有关福耀玻璃上市的具体事宜。

各方力量推动福耀玻璃上市源于当时的背景。随着改革开放的深入，福建的股份制改革走到了华夏大地的前列。1988年底至1989年上半年，福建省政府再次把企业改革推向一个新的高度，随后由福建省体改委牵头，福建省财政厅、税务局、工商局、人行等部门，按照企业自身的改革需要，先后颁发《福建省股份制企业暂行规定》《福建省股份制企业所得税暂行规定》等五个股份制改革文件。

为了落实和加快推进股份制企业改革的试点，从1990年下半年开始，福建省直有关部门决定在国有、集体以及合资企业中各找一两家企业作为股份制改革的试点，福建福联和福耀玻璃达到福建省首批上市的企业标准。据了解，福建福联原本是一家国有企业，福耀玻璃却是一家中外合资企业。更为关键的是，福建福联和福耀玻璃都在1991年完成了股份制改革。除此之外，就是作为一家集体企业的位于泉州石狮的新发股份。

1992年，邓小平发表南方谈话。在讲话中，邓小平建议推动证券、股市的发展。邓小平讲道：

改革开放胆子要大一些，敢于试验，不能像小脚女人一样。看准了的，就大胆地试，大胆地闯。深圳的重要经验就是敢闯。没有一点闯的精神，没有一点"冒"的精神，没有一股气呀、劲呀，就走不出一条好路，走不出一条新路，就干不出新的事业。不冒点风险，办什么事情都有百分之百的把握，万无一失，谁敢说这样的话？一开始就自以为是，认为百分之百正确，没那么回事，我就从来没有那么认为。每年领导层都要总结经验，对的就坚持，不对的赶快改，新问题出来抓紧解决。恐怕再有30年的时间，我们才会在各方面形成一整套更加成熟、更加定型的制度。在这个制度下的方针、政策，也将更加定型化。现在建设社会主义，经验一天比一天丰富。经验很多，从各省的报刊材料看，都有自己的特色。这样好嘛，就是要有创造性。

改革开放迈不开步子，不敢闯，说来说去就是怕资本主义的东西多了，走了资本主义道路。要害是姓"资"还是姓"社"的问题。判断的标准，应该主要看是否有利于发展社会主义社会的生产力，是否有利于增强社会主义国家的综合国力，是否有利于提高人民的生活水平。对办特区，从一开始就有不同意见，担心是不是搞资本主义。深圳的建设成就，明确回答了那些有这样那样担心的人。特区姓"社"不姓"资"。

从深圳的情况看，公有制是主体，外商投资只占四分之一，就是外资部分，我们还可以从税收、劳务等方面得到益处嘛！多搞点"三资"企业，不要怕。只要我们头脑清醒，就不怕。我们有优势，有国营大中型企业，有乡镇企业，更重要的是政权在我们手里。有的人认为，多一分外资，就多一分资本主义，"三资"企业多了，就是资本主义的东西多了，就是发展了资本主义，这些人连基本常识都没有。我国现阶段的"三资"企业，按照现行的法规政策，外商总是要赚一些钱。但是，国家还要拿回税收，工人还要拿回工资，我们还可以学习技术和管理，还可以得到信息、打开市场。因此，"三资"企业受到我国整个政治、经济条件的制约，是社会主义经济的有益补充，归根到底是有利于社会主义的。

计划多一点还是市场多一点，不是社会主义与资本主义的本质区别。计划经济不等于社会主义，资本主义也有计划；市场经济不等于资本主义，社会主义也有市场，计划和市场都是经济手段。社会主义的本质，是解放生产力，发展生产力，消灭剥削，消除两极分化，最终达到共同富裕。就是要对大家讲这个道理。证券、股市，这些东西究竟好不好，有没有危险，是不是资本主义独有的东西，社会主义能不能用？

允许看，但要坚决地试。看对了，搞一两年对了，放开；错了，纠正，关了就是了。关，也可以快关，也可以慢关，也可以留一点尾巴。怕什么，坚持这种态度就不要紧，就不会犯大错误。总之，社会主义要赢得与资本主义相比较的优势，就必须大胆吸收和借鉴人类社会创造的一切文明成果，吸收和借鉴当今世界各国包括资本主义发达国家的一切反映现代社会化生产规律的先进经营方式、管理方法。

1992年10月12—18日，中国共产党第十四次全国代表大会在北京召开。党的十四大明确提出"建立和完善社会主义市场经济体制"。随后，股份制开始积极试点。同年，国务院提出"广东、福建、海南三省可按照中央对改革开放综合实验区赋予股东的权力，进行向社会公开发行（不上市）股票的实验"，福建省被确定为三个可以公开发行股票的省份之一。自此之后，福建股份制企业大量出现。[1]

---

[1]《闽商》杂志社采编中心.跨越40年闽商创业史[M].厦门：厦门大学出版社，2019：78-85.

1993年，国务院发布了《股票发行和上市交易暂行条例》，股票发行、上市试点正式在全国推广。作为"试验田"里最早的萌芽，福联、福耀玻璃在股票发行近两年后，通过刚成立半年的中国证监会的复审，先后于当年的5月28日和6月10日在上海证券交易所挂牌上市。股份制改革开始之后，公开上市成为一个新的课题，也成为闽商做大企业、发展产业的重要推动力。以A股上市而言，福联股份堪称"福建第一股"，而福耀玻璃则是福建民营企业第一股。[1]

1993年5月28日，福联股份在上海证券交易所正式挂牌上市，开盘价为18.80元。据了解，福联股份创建于1984年8月8日，是经福建省轻工业厅批准成立的，并经福州市工商行政管理局注册登记，由78家具有法人资格的全民所有制企业法人持股的股份有限公司。1991年公司注册资本为3043.58万元。1991年11月21—27日公司对外发行股票。实收股本为6388万股（每股面值1元），共计人民币6388万元。其中发起人持股3083.1万元，占股本总额的48.26%；法人持股1404.9万元，占21.99%；社会公众持股1900万元，占29.74%（包括社会法人持股694.1万元，社会个人持股1205.9万元）。福联股份的创始股东，可谓来头显赫：福建省纺织工业公司，占股14.51%，为第一大股东；中国纺织物资总公司，占股11.57%，为第二大股东；福建华兴信托投资公司，占股9.02%，为第三大股东。[2]

福联股份成功上市的10多天后，福耀玻璃也成功上市。根据福耀玻璃1991年的招股说明书，当年福耀玻璃定向扩股1634万股，每股面值1元，售价1.5元，共筹集资金2450.9万元。

虽然成功上市，但是过程却异常曲折。曹德旺回忆说道："在福耀玻璃之前，福建省还没有公司做过，只能摸着石头过河。讨论的结果是，把福耀玻璃1990年时的净资产6127.5万元，按一股1.5元算分成4085万股，面

---

[1]《闽商》杂志社采编中心.跨越40年闽商创业史[M].厦门：厦门大学出版社，2019：78-85.
[2]《闽商》杂志社采编中心.跨越40年闽商创业史[M].厦门：厦门大学出版社，2019：78-85.

值一块，一股卖1.5元，实际上等于没有溢价，同时确定了1991年6月22日由闽发证券发行第一批也就发行了1600万股，发了2400万元。卖得太便宜了。当时很多人想买，问我能不能买，我呢，当时也不知道这是不能说的，就告诉他们可以买，买了当年就可以分红。兴业银行买了200万，县里、市里、省里的一些部门领导，媒体人也都买了，单单各级机关的干部，就购买了几百万股。有一位福州大学的教授，听说福耀玻璃发行股票，召集全家人一起开了个严肃的家庭会，整整讨论一个晚上，讨论的主题只有一个，买不买？到了第二天，家人统一思想，将家中所有资金2万多元，买了1万多股福耀玻璃股票。1600万股的股票，很快就卖完了。"

在当时，福耀玻璃的"股票倒是顺利发行出去了，但还上不了市，因为当时股票上市交易采取的是额度制，要由国家计委和证监会共同决定额度，再分配到各省、自治区、直辖市和部委"。[①]曹德旺说道："这下麻烦了，因为福耀玻璃当初发行股票是省里面批的，不是国家批的。发行完成后，我们压力很大。当时我们一股一年可以赚几毛钱，两年就可以收回投资。那些买了股票的人就逼着公司上市，甚至要求回收股票。"

然而，一个重大的危机事件正在慢慢地向曹德旺袭来，刚过两三个月，福耀玻璃股票不能上市、曹德旺圈了钱想跑到国外去的谣言就蔓延开来。

刚开始，没人相信曹德旺要卷款逃跑。当谣言越传越广、越传越多时，一些购买福耀玻璃股票的投资者，尤其是各级政府里的工作人员纷纷打电话问曹德旺："曹总，你的福耀玻璃什么时候能上市啊？"

曹德旺只能如实回答："我也不知道什么时候能上市啊。"

随着谣言的扩大化，投资者开始问曹德旺："曹总，你能不能帮我个忙，家里需要用钱，请帮我找一个买家，把我的股票买走。"

面对众多的投资者，曹德旺回忆道："可是，我又能上哪儿去找这么多

[①]《中国总会计师》编辑部.中国新股发行审核制度的历史演进［J］.中国总会计师，2015（04）：21-23.

的买家呢？虽然没有公开交易，但其实当时私下里的交易价，福耀玻璃的股票每股已经由1.5元涨到2.5元。我把妹妹曹华找来，请她帮我筹钱，将要求我帮忙找买家的政府工作人员手中的福耀玻璃股票，按当时的市场价格每股2.5元买回来，从1分息借到2分息，不知不觉地收了400万股左右，欠了一屁股的债。心里承受着巨大的压力又不能说，每天还得跟没事人儿似的，出现在公众和员工的面前，还得处理一桩接一桩的事情。心里那份难受，可想而知。"

1992年的一天，与时任兴业银行行长喝酒时，曹德旺竟然哭了。行长问道："曹总，您怎么哭了，有什么事？"

面对行长的询问，曹德旺用纸巾擦去了泪水，把事情的经过向行长复述了一遍。

行长劝说曹德旺："您别急，我来想想办法……您把您的法人股抵押给兴业，兴业贷款给您，这样利息就没有那么重了，您的压力也就小了很多。"

行长的相助减轻了曹德旺的压力，曹德旺终于松了口气。随后，曹德旺放下手头上的其他事情，把精力放到争取上市的工作上。

艰难上市

兴业银行的行长暂时缓解了曹德旺的压力，但是曹德旺不想长期处于高负债的压力下，不得不想办法让股票上市，原因有二：第一，为自己解套。第二，为当初购买股票的股东们着想。

面对压力，曹德旺猛然想起福耀玻璃公司的股东——中汽华联公司或许可以解决自己目前的困境。于是，曹德旺电话告知福耀玻璃当下的处境。让曹德旺喜出望外的是，中汽华联公司的几个老总经过研究后同意帮忙。

有望解决困境，曹德旺马不停蹄地赶到北京。当曹德旺到达北京后，中汽华联公司非常隆重地接待了他。

饭后，中汽华联公司的领导带着曹德旺拜访福耀玻璃早期的一位董事——刘虎生。曹德旺当然认识刘虎生，他到福耀玻璃"开过几次董事会"。

由于事先有约，当曹德旺一行人到达时，刘虎生正在院子里等他们。随后，刘虎生穿上大衣说道："走，我和你们一起过去。"

曹德旺问道："要不要开车过去？"

刘虎生说："不要了，就在后面。走过去。"

找到人后，刘虎生向他解释："这是一家做进口配件国产化的玻璃厂，很成功，也是国家汽车发展战略培养企业。我们公司想将这个公司扶持起来，所以参了股。前几年进行改制，发行了股票，到现在不能流通，会影响到公司的发展。"

在刘虎生的沟通下，该官员同意曹德旺次日到国家经济体制改革委员会（体改委）递交申请报告。

该官员对曹德旺说道："您明天10点，到体改委找我，我叫人给您受理。"

次日，曹德旺到国家体改委，递交了申请材料。工作人员认真地看完曹德旺报送的材料，并告诉曹德旺，需要补充一些材料。工作人员说道：

"这件事情您这么跑不能解决,您要让你们省的陈明义来一趟。"

得到这样的反馈,曹德旺即刻返回福州,将详情告知当时的副省长陈明义。陈明义赶往北京约见经办人。不久,福耀玻璃拿到体改委批文。1993年5月下旬,曹德旺开始整理规划上市。

1993年6月10日,福耀玻璃(证券代码600660)上市首日,开盘价44.44元,最高到44.60元,收盘40.05元,创下福建首批上市公司股票的天价。

福耀玻璃成功上市,极大地缓解了曹德旺的压力。在福耀玻璃工业有限公司董事会第十二次会议上,董事们高度评价了曹德旺在任期内所做的卓越贡献,一致同意继续委任曹德旺为公司本届总经理,同时奖励曹德旺所做的卓越贡献,董事们决定把发行时的4085万股的零头,即85万股福耀玻璃股票奖励给曹德旺。在当时闽发证券的建议下,85万股在发行时就直接划拨到了曹德旺的个人名下。曹德旺持有的17.5%福耀玻璃股票,则划入曹德旺长子曹晖的香港三益有限公司名下,加上曹德旺被迫收购的400万股,至1993年上市前,曹德旺持有的福耀玻璃工业股份有限公司流通股已近500万股。[1] 上市当天,曹德旺的财富已经达到2亿元。

---

[1] 周志远.曹德旺:被逼成了最大股东[J].纪实,2009(16):53-53.

第7章

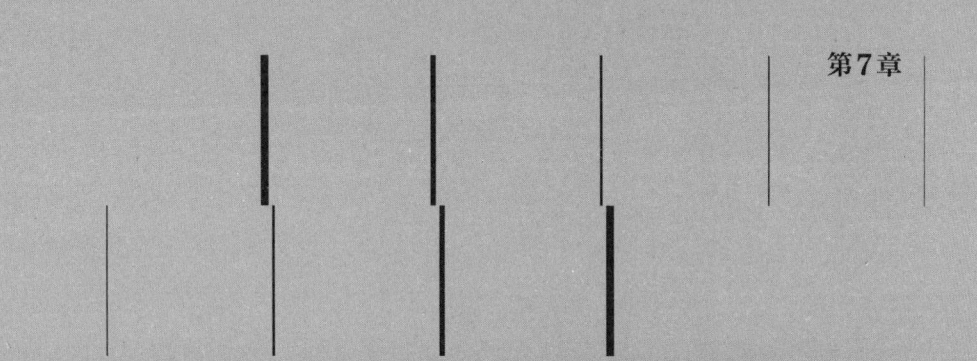

引进独立董事制度

第7章 引进独立董事制度

1993年6月10日,福耀玻璃成功上市,融到的资金让福耀玻璃如虎添翼。随着福耀玻璃规模越来越大,曹德旺也前所未有地遇到了许多棘手问题。首当其冲的就是必须进行规范化的制度管理。

在当时,改革开放才十多个年头,曹德旺可以学的榜样并不多,不得不把目光投向世界企业。1995年,曹德旺赴美考察。其间,曹德旺敏锐地觉察到独立董事制度的作用。为了更加规范上市公司的管理,福耀玻璃果断地引进独立董事制度,聘请专家担当公司董事会的独立董事。

当然,在规范方面,首先要规范的是会计与审计。据曹德旺介绍,自1996年开始,福耀玻璃就聘请国际五大会计师事务所对其进行审计。[①] 曹德旺说道:"我们在国外调研公司治理的时候,发现了一个问题,大企业之间往来的时候,很注重去看对方的报表,而且非常重视报表的质量,要看报表是谁审计的,因为人家无论向你买东西还是卖东西给你,都会考虑你的公信力、信誉和规模问题。"

---

① 张望.专访福耀玻璃董事长曹德旺:分红是股东的利益[N].21世纪经济报道.

引进独立董事，
要用好独立董事

1872年到1875年间，由容闳倡议，在曾国藩、李鸿章的支持下，清政府先后派出四批共一百二十名、平均年龄只有十二岁的学生赴美国留学，这是中国历史上最早的官派留学生。在第一批留学名单中，就有声名远扬的铁路工程师詹天佑、北洋大学校长蔡绍基等。

这批星星之火，对日后的中国社会产生了深远的影响：从事工矿、铁路、电报者30人，其中工矿负责人9人，工程师6人，铁路负责人3人；从事教育事业者5人，其中清华大学校长1人、北洋大学校长1人；从事外交行政者24人，其中领事、代办以上者12人，外交部部长1人、副部长1人，驻外大使1人，国务院总理1人；从事商业者7人；进入海军者20人，其中14人为海军将领。[1]

一百多年后，中国企业家如同当年的留学生一样，通过赴美考察，创新了他们对中国企业经营的范式。1995年，曹德旺尝试走出国门，到海外投资。由于工作的缘故，曹德旺到美国考察学习，由此带回了一样影响至今的企业管理制度——独立董事制度。

如今的中国企业，尤其是上市公司，独立董事制度已经不再是什么稀罕物。根据《中华人民共和国公司法》第一百二十二条："上市公司设独立董事，具体办法由国务院规定。"

相比于公司顾问，独立董事拥有更大的权力，甚至享有与其他董事同样的投票权。在某些战略决策中，独立董事的投票至关重要，甚至对上市

---

[1] 雷颐.留美幼童：艰难开辟留学路［J］.留学生，2010（02）：56-57.

公司的决策产生深远影响。

基于此，作为独立董事，不仅需要拥有独立性，同时还必须拥有至少足以与非独立董事相匹配，甚至更强的业务能力，包括担任独立董事所必需的专业知识和工作经验。[1]这说明，当聘请独立董事时，起码考察独立董事的相关能力，尤其是担任独立董事所必需的专业知识和工作经验，这样可以有效地降低独立董事由于自身能力不够导致决策失误造成的相关损失。不仅如此，在聘请独立董事时，还必须考察其知识结构，原因是上市公司的独立董事，其知识结构和业务素质可能对公司的盈余管理产生影响，尤其是影响诸多投资者利益。

然而，在20世纪90年代的中国，改革开放才十多年，很多管理制度都在"摸着石头过河"的摸索中。在公开场合，曹德旺直言："在上市公司引进独立董事制度，聘请专家担当福耀玻璃董事会的独立董事，确保小股民的利益。我请人来监督我，作为福耀玻璃的大股东，我的这一做法在中国资本市场的早期可谓开了先河。但我认为，这是正确的方向。企业大了就是大家的、社会的，企业要发展更大，也要依靠大家，依靠社会，并对大家和社会负责。我始终致力于完善公司的治理结构，提升经营管理能力。引入独立董事制度后，1996年，又引进国际会计师事务所进行审计，让董事会重视发挥独立董事、各专业委员会委员在公司决策中的作用，注意董事会与管理层之间合理的职责分工，使董事会更能关注公司长远发展。再小的股东和再大的股东我都一视同仁，尊重大家的利益，也舍得给股东们分红。公司上市以来，我们大把发现金红利、股利，我们分给股东们的红利远远大于我们从资本市场募集到的资金。"[2]

根据《福耀玻璃工业集团股份有限公司2022年年度报告》数据显示："本公司拟订的2022年度利润分配方案为：公司拟以实施2022年度权益分

---

[1] 贾树良, 苗莉.建立独立董事制度健全董事会的功能[J].合作经济与科技, 2002（03）.
[2] 曹德旺.几乎把一辈子的眼泪都流干后，我决定重新站起来[N].中国经营报.

派的股权登记日登记的总股数为基数，向2022年度权益分派的股权登记日登记在册的本公司A股股东和H股股东派发现金股利，每股分配现金股利人民币1.25元（含税），本公司结余的未分配利润结转入下一年度。截至2022年12月31日，本公司总股数为2609743532股，以此计算合计拟派发现金股利人民币3262179415元（含税），前述拟派发的现金股利数额占公司按中国企业会计准则编制的当年合并财务报表中归属于母公司普通股股东的净利润的比例为68.60%。2022年度本公司不进行送红股和资本公积金转增股本。本公司派发的现金股利以人民币计值和宣布，以人民币向A股股东支付，以港币向H股股东支付。"

20多年后，当被问及"引进独立董事制度，福耀玻璃在率先引进独董方面有哪些得失？"时，曹德旺正面回应道："福耀玻璃股票挂牌以后，我觉得责任重大。我立志说，即使不能够成为国家栋梁，但也不应该成为国家和社会的负担。既然政府批准福耀玻璃上市（注：当时的企业上市是配额制），我就应该把这个上市公司做好。"

带着这样的初心，曹德旺开始了对企业管理制度的探索。曹德旺直言，自己制定独立董事制度，就是为了规范企业的国际化行为。究其原因，从挂牌那天开始，曹德旺就展开了一场以完善自我为目的的改造，要把福耀玻璃真正做成名副其实的上市公司。当他开始在国际上进行公司治理、发展方向等方面的调研，发现了国际上的独立董事制度，觉得很好。独立董事在企业有两个职能，第一，顾名思义，独立董事必须是独立的，不受大股东的左右，代表着中小股东监督董事会；第二，独立董事一般都是高知，也是企业的智库，对企业进行监督，也可以帮助企业。

曹德旺直言："企业引进独立董事，要用好独立董事，要绝对有权独立行使职权，起码要做到这样才能有效果。能够做到这一点，对企业发展有很大的帮助。中国企业现在对独立董事的认识可能还要进一步加强。那时候，福耀玻璃的董事长是王宝光，不是大股东，是一个小股东的代表。福耀玻璃选他为董事长，就是选有影响力、有能力的人来做，而不是谁是大股东谁做。"

为此，福耀玻璃在制定独立董事制度时，就把"独立董事的任职条件""独立董事的独立性""独立董事的提名、选举和更换""独立董事的特别职权""独立董事的独立意见""公司为独立董事提供必要的条件"等作出了非常详细的约定。

在证券时报网上，就刊载了"福耀玻璃工业集团股份有限公司独立董事制度（修订本）"[①]的文本，详情如下。

福耀玻璃工业集团股份有限公司独立董事制度（修订本）

第一章　总则

第一条　为了促进福耀玻璃工业集团股份有限公司（以下简称"公司"或"本公司"）规范运作，维护公司整体利益，保障全体股东特别是中小股东的合法权益不受损害，根据《中华人民共和国公司法》、中国证监会证监发［2001］102号《关于在上市公司建立独立董事制度的指导意见》（以下简称"《指导意见》"）、证监发［2004］118号《关于加强社会公众股股东权益保护的若干规定》、证监公司字［2005］15号《关于督促上市公司修改公司章程的通知》、中国证监会福建监管局闽证监公司字［2013］42号《关于进一步发挥独立董事和监事作用切实保护中小投资者合法权益的通知》等有关法律、法规、规章、规范性文件和本公司章程的有关规定，制定本制度。

第二条　独立董事是指不在公司担任除董事外的其他职务，并与公司及其主要股东不存在可能妨碍其进行独立客观判断的关系的董事。

第三条　独立董事对公司及全体股东负有诚信与勤勉义务。独立董事应当按照相关法律、法规、规范性文件和公司章程的要求，认真履行职责，维护公司整体利益，尤其要关注中小股东的合法权益不受损害。

---

① 福耀玻璃.福耀玻璃工业集团股份有限公司独立董事制度（修订本）［EB/OL］.

独立董事应当独立履行职责，不受公司主要股东、实际控制人或者与公司及其主要股东、实际控制人存在利害关系的单位或个人的影响。

第四条　本公司聘任的独立董事原则上最多在5家上市公司兼任独立董事，并确保有足够的时间和精力有效地履行独立董事的职责。

第五条　公司设独立董事三名，其中至少包括一名会计专业人士。

前款所称会计专业人士是指具有高级职称或注册会计师资格的人士。

第六条　独立董事出现不符合独立性条件或其他不适宜履行独立董事职责的情形，由此造成公司独立董事达不到法定人数时，公司应当按规定补足独立董事人数。

第七条　独立董事及拟担任独立董事的人士应当按照中国证监会的要求，参加中国证监会及其授权机构所组织的培训。

第二章　独立董事的任职条件

第八条　担任本公司独立董事应当具备下列基本条件：

（一）根据法律、行政法规及其他有关规定，具备担任上市公司董事的资格；

（二）具有《指导意见》所要求的独立性；

（三）具备上市公司运作的基本知识，熟悉相关法律、行政法规、规章及规则；

（四）具有五年以上法律、经济或者其他履行独立董事职责所必需的工作经验；

（五）公司章程规定的其他条件。

第三章　独立董事的独立性

第九条　下列人员不得担任本公司的独立董事：

（一）在本公司或者其附属企业任职的人员及其直系亲属、主要社会关系（直系亲属是指配偶、父母、子女等；主要社会关系是指兄弟姐妹、岳父母、儿媳女婿、兄弟姐妹的配偶、配偶的兄弟姐妹等）；

（二）直接或间接持有本公司已发行股份1%以上或者是本公司前十名

股东中的自然人股东及其直系亲属；

（三）在直接或间接持有本公司已发行股份5%以上的股东单位或者在本公司前五名股东单位任职的人员及其直系亲属；

（四）最近一年内曾经具有前三项所列举情形的人员；

（五）为本公司或者其附属企业提供财务、法律、咨询等服务的人员；

（六）公司章程规定的其他人员；

（七）中国证监会认定的其他人员。

第四章　独立董事的提名、选举和更换

第十条　公司董事局、监事会、单独或者合并持有公司已发行股份1%以上的股东可以提出独立董事候选人，并经股东大会选举决定。

第十一条　独立董事的提名人在提名前应当征得被提名人的同意。

第十二条　提名人应当充分了解被提名人职业、学历、职称、详细的工作经历、全部兼职等情况，并对其担任独立董事的资格和独立性发表意见，被提名人应当就其本人与公司之间不存在任何影响其独立客观判断的关系发表公开声明。

在选举独立董事的股东大会召开前，公司董事局应当按照规定披露上述内容。

第十三条　独立董事每届任期与公司其他董事任期相同，任期届满，连选可以连任，但是连任时间不得超过六年。

第十四条　独立董事应当按时出席董事局会议，了解公司的生产经营和运作情况，主动调查、获取做出决策所需要的情况和资料。公司应按月将公司的主要经营管理情况、外部相关信息以及最新的法律法规向独立董事报送，以便独立董事全面、及时、深入地了解公司情况。

独立董事应当向公司年度股东大会提交全体独立董事年度报告书，对其履行职责的情况进行说明。

独立董事连续3次未出席董事局会议的，由董事局提请股东大会予以撤换。除出现上述情况及《公司法》中规定的不得担任董事的情形外，独立董事任期届满前无正当理由不得被免职。提前免职的，公司应将其作为特别披露事项予以披露，被免职的独立董事认为公司的免职理由不当的，可以作出公开的声明。

第十五条 独立董事在任期届满前可以提出辞职。独立董事辞职应向董事局提交书面辞职报告，对任何与其辞职有关或其认为有必要引起公司股东和债权人注意的情况进行说明。

独立董事辞职导致独立董事成员或董事局成员低于法定或公司章程规定最低人数的，在改选的独立董事就任前，独立董事仍应当按照法律、行政法规及公司章程的规定，履行职务。董事局应当在两个月内召开股东大会改选独立董事，逾期不召开股东大会的，独立董事可以不再履行职务。

第五章 独立董事的特别职权

第十六条 为了充分发挥独立董事的作用，独立董事除应当具有法律、法规、规范性文件及公司章程赋予董事的职权外，公司还应当赋予独立董事以下特别职权：

（一）重大关联交易（指公司拟与关联人达成的总额高于300万元或高于公司最近经审计净资产值的5%的关联交易）应由独立董事认可后，提交董事局讨论；独立董事作出判断前，可以聘请中介机构出具独立财务顾问报告，作为其判断的依据。

（二）向董事局提议聘用或解聘会计师事务所；

（三）向董事局提请召开临时股东大会；

（四）提议召开董事局会议；

（五）独立聘请外部审计机构和咨询机构；

（六）可以在股东大会召开前公开向股东征集投票权。

第十七条 独立董事行使第十六条规定的特别职权应当取得全体独立董事的二分之一以上同意。

公司重大关联交易、聘用或解聘会计师事务所，应由二分之一以上独立董事同意后，方可提交董事局讨论。独立董事向董事局提请召开临时股东大会、提议召开董事局会议和在股东大会召开前公开向股东征集投票权，应由二分之一以上独立董事同意。经全体独立董事同意，独立董事可独立聘请外部审计机构和咨询机构，对公司的具体事项进行审计和咨询，相关费用由公司承担。

第十八条　如果独立董事按照第十六条规定提出的提议未被采纳或者其职权不能正常行使，公司应当将有关情况予以披露。

第十九条　公司董事局设立战略、审计、提名、薪酬与考核等专门委员会。专门委员会全部由董事组成，其中审计委员会、提名委员会、薪酬委员会中独立董事应当占多数并担任召集人，审计委员会中至少应有一名独立董事是会计专业人士。

第六章　独立董事的独立意见

第二十条　独立董事除履行上述职责外，还应当对以下事项向董事局或股东大会发

表独立意见：

（一）提名、任免董事；

（二）聘任或解聘高级管理人员；

（三）公司董事、高级管理人员的薪酬；

（四）公司的股东、实际控制人及其关联企业对本公司现有或新发生的总额高于300万元或高于公司最近经审计净资产值的5%的借款或其他资金往来，以及公司是否采取有效措施回收欠款；

（五）变更募集资金用途；

（六）年度内公司盈利但未做出现金利润分配预案；

（七）公司累计和当期对外担保情况、执行对外担保规定的情况；

（八）公司财务会计报告被会计师事务所出具非标准无保留审计意见的，独立董事应对审计意见涉及事项发表意见；

（九）独立董事认为可能损害中小股东权益的事项；

（十）公司章程规定的其他事项。

第二十一条　独立董事应当就上述事项发表以下几类意见之一：同意；保留意见及其理由；反对意见及其理由；无法发表意见及其障碍。

第二十二条　如有关事项属于需要披露的事项，公司应当依法将独立董事的意见予以披露。

独立董事出现意见分歧无法达成一致时，董事局应将各独立董事的意见分别披露。

第七章　公司为独立董事提供必要的条件

第二十三条　公司应当建立独立董事现场工作制度，董事局秘书应当积极配合独立董事履行职责。

公司董事局秘书应当在独立董事任职时向独立董事介绍公司各方面情况，便于独立董事尽快熟悉公司的组织架构和运作情况。

公司应保证独立董事享有与其他董事同等的知情权，及时向独立董事提供相关材料和信息，定期通报公司运营情况，必要时可组织独立董事实地考察。

在董事局会议审议议案时，相关议案的主要负责人应到会介绍情况，回答独立董事的质询和提问，听取意见。

凡须经董事局决策的事项，公司必须按法定的时间提前通知独立董事并同时提供足够的资料，需要独立董事事前认可或发表独立意见的事项还应当将议案内容在董事局会议召开前至少提前5天提交给独立董事。独立董事认为资料不充分的，可以要求补充。当2名或2名以上独立董事认为资料不充分或论证不明确时，可联名书面向董事局提出延期召开董事局会议或延期审议该事项，董事局应当予以采纳。

第二十四条　公司向独立董事提供的资料，公司及独立董事本人应当至少保存5年。

第二十五条　公司应当提供独立董事履行职责所必需的工作条件。公司应当为独立董事设置常设机构和独立办公场所，并配备必要的工作人员，为独立董事开展工作、履行职责提供必要的保障。

独立董事每年应当到公司进行现场工作。独立董事每年到公司进行现场工作的时间原则上不得少于10天。

公司董事局秘书应当积极为独立董事履行职责提供协助，如介绍情况、提供材料等。独立董事发表的独立意见、提案及书面说明应当公告的，董事局秘书应当及时到上海证券交易所办理公告事宜。

第二十六条　独立董事行使职权时，公司有关人员应当积极配合，不得拒绝、阻碍或隐瞒，不得干预其独立行使职权。

第二十七条　独立董事聘请中介机构的费用及其他行使职权时所需的费用（如差旅费用、通信费用等）由公司承担。独立董事为履行职责所必须支出的费用，经全体独立董事过半数同意即可支出，公司董事、高级管理人员不得就上述经费支出人为设置障碍。

第二十八条　公司应当给予独立董事适当的津贴，津贴的标准应当由董事局制订预案，股东大会审议通过，并在公司年度报告中进行披露。

除上述津贴外，独立董事不应当从公司及其主要股东或有利害关系的机构和人员取得额外的、未予披露的其他利益。

第二十九条　公司可以建立必要的独立董事责任保险制度，以降低独立董事正常履行职责可能引致的风险。

第三十条　公司应当在公司网站建立独立董事交流专栏，专栏内容应包括独立董事的个人介绍、任职情况、联系邮箱、办公室电话、工作动态等，并应当设置互动交流栏目，便于独立董事与投资者的沟通交流。

第三十一条　公司每年定期召开的业绩说明会、投资者接待日、中小投资者走进上市公司等活动，应当有过半数的独立董事参加。

第三十二条　公司应当在年度报告披露后5个工作日内，将当年度独立董事的履职情况在公司网站独立董事交流专栏及时披露。披露内容包括但不限于：

独立董事述职报告、独立董事现场考察公司工作情况、独立董事与年审会计师的沟通情况以及其他独立董事认为需要披露的工作动态。

第八章　附则

第三十三条　本制度未尽事宜，公司应当依照有关法律、法规、规范性文件和公司章程的规定执行。

第三十四条　本制度所称"以上""以下"，都含本数；"超过""高于"，不含本数。

第三十五条　本制度经公司股东大会审议通过后生效，修改时亦同。

第三十六条　本制度由公司董事局负责解释。

福耀玻璃工业集团股份有限公司

二〇一四年二月二十二日

董事的人格必须独立

随着福耀玻璃的企业规模越来越大,在一线摸爬滚打的曹德旺发现,诸多问题正在影响福耀玻璃的后劲。为了保证规模化后的有序发展,曹德旺果断地通过规范化的制度管理。曹德旺在接受"腾讯财经"采访时说道:"中国的独立董事制度,最早是我引进的。1995年,我就引进了独立董事制度。1993年,公司上市之后,我又提出来坚持以完善自我为目的的改进。因为我是家族企业占股很大,率先带头引进独立董事。独立董事在国际上是这样界定的:第一个条件是董事的人格必须独立,不会受政府或者是有钱大老板的左右;第二个条件公司的议事规则必须能够满足这个要求。"

在曹德旺看来,只有董事保持其独立性,才能最大化地保证决策的效率和科学性。究其原因,董事会能够保持自身的独立性,既可以提升企业治理透明度,又能保证董事会的有效性。

福耀玻璃的官网就刊载独立董事张洁雯、刘京、屈文洲的"福耀玻璃工业集团股份有限公司独立董事关于选举董事长、选举副董事长、聘任总经理及其他高级管理人员的独立意见"[①]的意见,详情如下。

福耀玻璃工业集团股份有限公司独立董事

关于选举董事长、选举副董事长、聘任总经理

及其他高级管理人员的独立意见

福耀玻璃工业集团股份有限公司:

本人作为福耀玻璃工业集团股份有限公司(以下简称"公司")的独立董

---

① 张洁雯,刘京,屈文洲.福耀玻璃工业集团股份有限公司独立董事关于选举董事长、选举副董事长、聘任总经理及其他高级管理人员的独立意见.

事，根据中国证券监督管理委员会（以下简称"中国证监会"）证监发［2001］102号《关于在上市公司建立独立董事制度的指导意见》《公司章程》《公司独立董事制度》等有关规定，认真审阅了相关材料，基于独立判断立场，本人就公司第十届董事局第一次会议选举曹德旺先生为公司董事长，选举曹晖先生为公司副董事长，聘任叶舒先生为公司总经理，聘任何世猛先生、陈居里先生、黄贤前先生、吴礼德先生、林勇先生为公司副总经理，聘任陈向明先生为公司财务总监，聘任李小溪女士为公司董事局秘书之事项发表如下独立意见：

（1）相关人员的任职资格合法。根据公司提供的曹德旺先生、曹晖先生、叶舒先生、何世猛先生、陈居里先生、黄贤前先生、吴礼德先生、林勇先生、陈向明先生及李小溪女士的个人履历、工作业绩等相关材料，本人认为：公司第十届董事局第一次会议选举的董事长、副董事长、聘任的总经理及其他高级管理人员均具有多年的企业管理和相关工作经历，接受的专业教育及学识符合公司治理和经营发展的需要，可以胜任所聘任工作。未发现上述人员有《公司法》第146条规定的禁止担任公司董事、高级管理人员职务的情形以及被中国证监会处以证券市场禁入处罚且禁入期限未满的情形或被上海、深圳证券交易所惩戒的情形。上述人员具备中国有关法律、法规以及《公司章程》规定的任职资格。

（2）程序合法。公司第十届董事局第一次会议选举董事长、副董事长以及提名和聘任公司总经理、副总经理、财务总监、董事局秘书等高级管理人员的程序、表决结果符合《公司法》《公司章程》的有关规定。

综上所述，本人同意公司董事局选举曹德旺先生为公司董事长，同意公司董事局选举曹晖先生为公司副董事长，同意公司董事局聘任叶舒先生为公司总经理，同意公司董事局聘任何世猛先生、陈居里先生、黄贤前先生、吴礼德先生、林勇先生为公司副总经理，同意公司董事局聘任陈向明先生为公司财务总监，同意公司董事局聘任李小溪女士为公司董事局秘书。

独立董事：张洁雯 刘京 屈文洲

二〇二一年一月十五日

曹德旺之所以强调独立董事制度的作用，是因为董事会只有充分地保持自身的独立性，才能发挥董事会自身的公正性职能。在企业经营实践中，董事会拥有的独立性，决定其公正性程度。当董事会公正地、毫无障碍地行使自身监督的职权，这意味着其拥有的独立性程度较高；相反，则较低。

按照《公司法》的规定，股东大会选举产生的董事成员，由其组成董事会。其职责不仅对股东大会负责，同时也对公司利益负责。董事会的基本职能不仅仅是规划公司的生产和发展战略，制定企业的具体政策，还需要对企业经理人的行为和业绩进行监督，防止经理人操纵公司的内部控制权、滥用权利谋取私利。然而，董事会在监管和盈余管理上是否能发挥其有效的功能和作用，关键还是在于董事会本有的独立性程度和公正性程度。[①]

在保持独立性部分，董事会另外一个指标是独立董事比例。在企业经营实践中，独立董事更具履行监督的动机，其动机包括：职业尊严、维护市场声誉。

2016年1月，作为万科独立董事的著名经济学家的华生在接受《新京报》采访时就曾评价"宝万之争"："如果宝能收购成功，在这个过程中炒作并成功出逃的中小股东会赚钱，但对收购成功之日起的万科全部中小股东，很难是好消息。因为收购题材完结，股价势必从高位大幅回落。而且宝能控盘后随着万科现经营层的股权难免变现退出，许多原先欣赏万科透明治理结构的机构投资者退出，以及华润在万科变为家族控股企业后不能不做的重新布局考量，客观说预后难以乐观。"[②]

"宝万之争"案例说明，作为独立董事，由于自身信誉维护的动机，势必加强监督经理人。不仅如此，由于独立董事不像企业管理层，能更好地保护股东的利益。

福克（Forker，1992）也发现，董事会中独立董事占比如果较大，那么

[①] 杨文雄.董事会独立性对盈余管理的影响分析——基于中国上市公司的实证研究[D].云南财经大学，2013.

[②] 李春平，陈鹏.万科独立董事华生：各方妥协是万宝之争最好结果[N].新京报.

可以监督其披露高质量的财务信息,大大地降低经营者隐瞒信息因此获得不当得利的概率。

赵景文、杜兴强(2007)的研究也提及,董事会较高的独立董事比例,积极地影响信息披露的质量。

当然,也有学者认为,在很多时候,独立董事制度不过是装饰物,原因是,独立董事制度存在致命缺陷。虽然《中华人民共和国公司法》明确规定,上市公司独立董事占全体董事总数的比例至少要达到1/3。

遗憾的是,一部分上市公司由于自身规模等原因,一旦独立董事减少一人,那么就达不到《中华人民共和国公司法》规定的法定比例。

鉴于此,曹德旺引进独立董事制度,试图用社会化的制度规划福耀玻璃这个家族企业。曹德旺介绍说:"对。我们大股东占董事会的席位,小于独立董事和管理董事的席位,管理董事是代表生产员工的,有公司管理层派代表来参加董事会,占三个席位,独立董事三个席位,这是六个席位。大股东五个席位,加起来是十一个席位。这样的比例,任何事情要上股东会,必须通过董事会。董事会是一席一票,这个就非常有效地制约了大股东的权利。如果董事会通不过,就难以通过表决。最后到股东会表决的时候,大股东认为这不合理,你的权益受侵害的时候,你可以在股东会上否决,股东会是按照股东的票数否决的。整个社会在关注着你,你只要有道理,当然也没有问题了。"

当接受媒体采访时,曹德旺直言,自己的一些意见也被董事会否定过。曹德旺说道:"我们开董事会要求管理层和独立董事沟通。我非常敬重那些独立董事,另外他们也很尊敬我。他们为什么尊敬我?他们对董事会提出来的东西,认为有一些悬念的,会不断地要求就这个问题补充材料。我想,起码他们还认为曹德旺经得起他们折腾,我把提反对意见看作是对我的极大尊重。如果我讲什么,他们就做什么,我认为他们看不起我。"

对于董事会否定曹德旺的意见,曹德旺却有自己的看法。曹德旺说:"我把他们的反对意见,看作是在尊重我。因为他们是我请的,他们也知道独立董事的补贴是我发给他们的。从1995年成立独立董事到现在，在福耀玻璃当过独立董事的人都觉得福耀玻璃是个可信的公司。"

所谓独立董事，是指独立于公司股东且不在公司内部任职，并与公司或公司经营管理者没有重要的业务联系或专业联系，并对公司事务做出独立判断的董事。

在独立董事的边界上，中国证监会在《关于在上市公司建立独立董事制度的指导意见》中有过明确约定："上市公司独立董事是指不在上市公司担任除董事外的其他职务，并与其所受聘的上市公司及其主要股东不存在可能妨碍其进行独立客观判断关系的董事。"

鉴于此，明确独立董事权限，避免与监事会产生功能冲突。根据《中华人民共和国公司法》相关规定，监事会、不设监事会的公司的监事行使下列职权：（1）检查公司财务；（2）对董事、高级管理人员执行公司职务的行为进行监督，对违反法律、行政法规、公司章程或者股东会决议的董事、高级管理人员提出罢免的建议；（3）当董事、高级管理人员的行为损害公司的利益时，要求董事、高级管理人员予以纠正；（4）提议召开临时股东会会议，在董事会不履行本法规定的召集和主持股东会会议职责时召集和主持股东会会议；（5）向股东会会议提出提案；（6）依照本法第一百五十一条的规定，对董事、高级管理人员提起诉讼；（7）公司章程规定的其他职权。[①]

由此可以发现，监事会拥有监督董事、经理，以及督察公司财务的权力。这部分与独立董事的效用存在部分功能重叠。由于中国上市公司独立董事与监事会并存，且也不可能取代监事会，因此，在独立董事权限设置上，尽可能地限定在《公司法》规定的董事会职权中的关键部分，且把独立董事的权限限制在《公司法》规定的董事会权限范围内，不侵占监事会的权限范围，否则就可能出现独立董事与监事重叠的事情发生。

---

① 中华人民共和国公司法（2018修正），2018。

追根溯源，独立董事制度可以追溯到20世纪30年代。其后，独立董事制度开始逐渐地完善。1940年，美国颁布《投资公司法》，这是独立董事制度的一个标志性里程碑。根据《投资公司法》规定，投资公司的董事会成员中应该有不少于40%的独立人士。其制度设计目的也在于防止控制股东及管理层的内部控制，损害公司整体利益。[①]

[①] 刘静，邱泽龙.我国上市公司建立独立董事制度的若干问题［J］.中国律师，2002（02）：8-10.

约束决策者拍脑袋

之所以要引进独立董事制度，一个重要的原因，就是可以约束决策者"拍脑袋"的战略决策。当曹德旺在接受《上海证券报》记者覃秘采访中被问及企业成长过程中的重要节点时，曹德旺就介绍了福耀玻璃公司早期的一个决策案例。

1993年，福耀玻璃成功登陆上海证券交易所。作为福清重要的企业，福耀玻璃就担负了明星企业应有的使命。在当时，福清就划给了福耀玻璃300亩土地，帮助做好福清的"西大门"的任务。当然，福清地方政府和银行在当地的分支机构也都直接参股了该项目。

1994年，海南地产泡沫破灭，国家金融机构调整贷款政策且不允许银行直接参股公司。迫不得已的情形下，福耀玻璃出面承担责任，回购了该项目中其他小股东的股权，将银行的股权也转成债权。[1]

曹德旺说道："这个项目肯定是亏钱的，当时投了3亿多元，现在项目还在我手上，每年可收2000多万元的租金。但如果当时这3亿多元用来买股票的话，现在应该有好几十亿了。不过，没有当初这些波折，可能也没有现在的福耀玻璃。"

曹德旺又说道："所以我说，大股东必须要有担当！（从维护中小股东的利益角度讲）我可以说，福耀玻璃就是最好的上市公司，制度规范都是一流的。譬如说独董制度，福耀玻璃1995年就引进了独董，是市场上第一家引进独立董事的上市公司。独董有什么作用？一是保护中小投资者的利益，二是作为公司发展的智囊。"

与曹德旺有类似观点的还有巨人创始人史玉柱。史玉柱回忆说：

---

[1] 覃秘.福耀玻璃：四十年做一片玻璃［N］.上海证券报．

软件方面我们除了Winxp软件，又做了其他的软件，像poss电脑商务的；又做了会计软件、教育软件，等等，也做了电脑，包括手写电脑。到了珠海，等于上了一个台阶。当时珠海政府也很支持我们，一看到我们发展得很好，当时还给了我一个科技重奖，当时重奖科技人员给我发了100多万奖金，一套高级套房，当时珠海的领导把我们作为高科技的标榜。

可能因为这些，公司也发展得很顺利，知名度好像也挺高，所以这时候危机就开始埋下了。这时我本人就以为我做啥事都能成，因为从创业的1989年开始，到珠海这几年的时间里，我想研发成的都研发成了，想销售产品都销售成了，就没有失败过，深以为自己想做啥都能做成。所以在这种环境下就开始了多元化的道路，这是一条不归的路。

一个企业必须在这个行业里面形成自己的核心竞争力，如果你搞多元化，你就无法形成你的核心竞争力。所以我们只在这个行业做，我相信在这个行业会做得很好。当时，我们一下子跨了很多行业，我都记不清多少个行业了。

我印象比较深的有几个，保健品，当时做了脑黄金。第一次做保健品还真是把脑黄金也给做成功了，到巨人危机爆发之后我们核算，脑黄金两年时间给我们创造了3亿的利润。

脑黄金做成功我们更加膨胀了，保健品一下就做了12个，然后又做了十几个药品。电脑软件品种也进一步增加，硬件也做了很多。除此之外还做了服装、化妆品，反正多了去了。当时还买了很多药厂，尤其是做了房地产，盖了巨人大厦。我们那点钱不够这么折腾。因为走了多元化，每个行业都做得不精，最后都失败了，只有脑黄金是成功的，其他的几乎全失败。失败的原因，最主要的是没有深入行业进行研究，不能形成核心竞争力，很多都是拍脑袋拍出来的。

举个例子，当时我们做服装，还做了领带。巨人危机爆发的时候，我们一翻仓库，发现我们仓库里的巨人领带够我们打四年都打不完。

后来我们发现卖不掉了，全部给自己用。所以那几年我穿西服，打的全是巨人领带,我们公司的所有人都发很多领带,包括巨人衬衫也是,卖不掉了都给自己穿了。

因为多元化,使资金分散到各个领域里去,最终就失败了。失败原因99%是我们自己的问题,当然也有外部环境的原因。当时中国进入宏观调控,消费能力变弱了,所以这种情况下,我们垮得更快。资金流开始出问题,公司资产还是正的,但是没有现金了。所以这时候我们的危机就出现了。外界都以为我们还很好,实际上这个时候,公司已经空了,虚了。[1]

曾经的"史大胆",如今胆子变得越来越胆小。在项目投资时,总是慎重地评估和调研,不再轻易做出胆大的冒险。

史玉柱说:"那一跤摔得太狠(了),太刻骨铭心(了),后来(我)就有了一个信条:宁可错过100个机会,不可投错一个项目。这跟过去的思路是完全不一样的,过去是绝不放过任何一个机会。"

当史玉柱东山再起后,其事业也越做越大。一些创业者就想让史玉柱投资。史玉柱说:"在互联网项目上面很多人找我们。如果有好的我愿意投,有的人只想投几十万(元),但是项目不好,我就不愿意投。但如果是好的,我愿意去花几亿(元)买他的项目,买了之后就不是风险投资,是我们的项目。我们不怕花钱多,但要控制项目的风险。"

为了杜绝一个人因为一时的头脑发热而拍脑袋作出投资决策,从而酿成巨亏这样的大祸,在巨人投资公司内部,史玉柱建立了一个7人的决策委员会。在项目投资时,都必须根据投票来决定投资其提名的项目。

当然,在这些提名的项目中,虽然有汽车、手机等很多富有诱惑力的项目,这些项目也被一些企业做成功了,但是,为了保证其成功率,均被7人决策委员会拒之门外了。

比如,一家汽车公司要转让其一部分股份,该汽车公司负责人找到史玉柱谈起了转让股份的想法。而当时的史玉柱确实被眼前的项目给打动了,

---

[1] 史玉柱.史玉柱自述创业历程[J].中国企业家,2013(05):34-36.

把该项目提交决策委员会讨论，结果却被决策委员会给否定了。

再比如，史玉柱很看好手机这个行业，毕竟中国有着十多亿人的市场。按照史玉柱的想法，能以较少的投入收购某家手机企业。当这个项目提交给决策委员会时，结果也被决策委员会否决了。

在决策上，福耀玻璃也同样遵守必须过半数人才能通过。对此，曹德旺说道："不管你半数还是三分之二，六席的非股东董事必须通过，那这样的问题，股东的权利保留在董事会上来实现，接受社会监督，也就是说，体制上进行创新，满足企业的发展，后面我们再从公司管理上创新。"

不可否认的是，要想保证独立董事对董事会产生决定性影响，就需要增加独立董事的占比，即只有足够的独立董事，才有足够的话语权。单个或者少数的独立董事根本不可能撼动内部董事占多数席位的董事会，也不可能产生决定性影响。

2011年4月，凤凰网财经以"您本身是一位比较传统的商人，但是您对资本运作的事情好像显得并不陌生，比如说福耀玻璃的资本表现很好，您的一切运作都很顺利，您是怎么做到的呢"为提纲采访了曹德旺。

曹德旺回答道：

资本运作也是一种知识，中国人对这些理解很好懂。股票上市是在资本市场融资，资本市场融资有私募，私募就是我早期自己想做玻璃，但是没有钱，通过几个股东买地，那种方式就是私募。

后来公司做成熟了，够条件了，那么资本市场接纳我们做公募，就是申请股票对社会募集资本。不管公募还是私募，只有一个目的，就是为了募集资本。作为一个掌门人，你必须向股东负责，你不能够制造许多虚假的事情，把它拿到手。如果发现了你的这种行为，资本市场就认为你少诚信，你的人格就很卑鄙。

我原来是不知道，那会儿上市之后他们拿我做试点，后来挂牌完了才知道自己太渺小了。1993年上市，上市那天以后我就开始致力于如何完善自我，提升自我的一场革命。首先从体制上创新。因为我是家族企业，受社会影响，就是家族企业什么事情都干得出来，我怎么样取信他们，因此我就引进了欧美的独立董事制度。中国的独立董事制度是我首先引进的，我是在1995年在公司成立独立董事的，1996年要进一步创新，我独立董事还不够完美，怎么让员工相信老板呢？因此我又增加了一个授信董事，就是独立董事跟员工代表董事进董事会，有三个席位给他们，把大股东的席位压缩到五席，就变成十一席。任何重大事情上董事会必须按席位表决。

查阅《上海证券交易所上市公司治理指引（征求意见稿）》的相关规定显示：公司应至少拥有两名独立董事，且独立董事至少应占董事总人数的20%。当公司董事长和总经理由一人担任时，独立董事占董事总人数的比重应达到30%。[1]

独立董事应提出客观、公正的意见，特别是当公司决策面临内部人控制和同控股股东等之间存在利益冲突时，独立董事可征求外部独立顾问的咨询意见，公司应为此提供条件，独立董事应保证投入足够的时间履行其职责，并应获得与其承担的义务和责任相应的报酬。[2]

对此，学术界认为，即使是30%的独立董事占比依旧较低。基于此，独立董事如果发挥自身的作用，建议增加上市公司独立董事的占比，同时还需要明确其权力和对应的责任。既能让独立董事保持独立，同时还可以对董事会决策产生足够影响。

---

[1] 上海证券交易所.上海证券交易所上市公司治理指引，2000.
[2] 上海证券交易所.上海证券交易所上市公司治理指引，2000.

第8章

联姻圣戈班

第8章 联姻圣戈班

20世纪90年代,中国企业需要技术,世界跨国企业需要中国市场。此时,中国企业开始了与世界跨国公司的合资之旅。在这一波浪潮中,福耀玻璃先行先试,走在了时代的前列。

在此次合作中,福耀玻璃和圣戈班都怀着自己的目的——圣戈班的战略意图打算借与福耀玻璃的合资拓展中国巨大的玻璃市场。与圣戈班不同的是,福耀玻璃的战略意图是借助圣戈班的渠道和品牌把市场版图扩张至全球,实现福耀玻璃的全球市场布局。

当福耀玻璃与圣戈班的情缘开始时,其后的恩怨情仇也由此开始。客观来讲,正是双方各自看中自己的战略目标,以期获得自身的战略目的,为后来的合作终止留下了隐患。[1]

---

[1] 彭波.福耀玻璃(600660)汽车配件业的骄子[J].股市动态分析,2004(Z2):29-30.

年薪200万元

20世纪90年代，作为改革开放窗口之一的福建，承担了不少对外交流的重任。1994年，法国圣戈班公司（Saint-Gobain）国际开发部副总裁皮尔·戴高带着十多人对福建进行商务考察。福建省对此十分重视。

当了解到圣戈班是一家法国生产玻璃的跨国公司后，福建省政府办公厅电话通知曹德旺，要求他参加一个外事接待工作，同时与其进行国际经济友好交流。

在此次接待中，曹德旺见到了皮尔·戴高，此人个子虽然不高，却给曹德旺留下非常深刻的印象。时隔多年，曹德旺写道："很绅士，留着黑胡子。"

通过交流，曹德旺才得知，法国商务考察团此行的目的，就是了解中国汽车玻璃生产的情况。随后，十多人相继对曹德旺提问，内容涉及汽车玻璃的生产技术、财务、管理、销售等方面。

曹德旺有过在玻璃行业摸爬滚打多年的经验，其回答让法国商务考察团很满意。此后，曹德旺得知，法国商务考察团在考察福建过程中，重头戏就是福耀玻璃。

出乎法国商务考察团意料的是，在中国福建居然有懂行的创业者，尤其是十几个人轮番发问，只有行家才能给出如此完美的答案。

法国商务考察团结束了对中国的考察，返回法国后，皮尔·戴高建议圣戈班集团与福耀玻璃进行战略合作。第一，圣戈班高层期望通过福耀玻璃拓展中国市场；第二，福耀玻璃期望通过与圣戈班的合作，打开全球市场，同时解决融资问题。

圣戈班抛出的合作橄榄枝，让曹德旺一度心花怒放，甚至认为这是天赐良机。曹德旺说："福耀玻璃碰到危机实行全面重组，原始创办股东将股票集中在香港三益公司和香港鸿侨海外两家公司上，占福耀玻璃集团42%

股权，名义上是卖给华丰国货，实际上是抵押贷款，时间已逾年余，正在急于找买主。适在此时，有人上门寻购真可谓恰逢其时。"

在这样的背景下，曹德旺真诚地接待了圣戈班的谈判者，并且告诉圣戈班，福耀玻璃是一家上市公司，如果圣戈班要参股，可以选择定向增发。

1994年，虽然邓小平南方谈话已有两年，但是没有先例可循，这样的操作难度不小。曹德旺说道："福耀玻璃有境外股东，持有约占集团42%的股票，由香港两家公司持有，转让他们的股份，这个手续比较简单。"

曹德旺补充道："福耀玻璃上市前是一家中外合资企业，这种性质的企业归商务部管辖，商务部因是涉外机构，相对来说较开放，也好商量。如果现在圣戈班要的话，只要在中国香港律师楼就可办理交割，涉及中国政府审批的就是中国香港两个公司参加福耀玻璃董事成员的名单需要批。这个问题，预计难度不大……因此，圣戈班入股应该是可行的。"

曹德旺的提议虽好，作为圣戈班的谈判代表始终坚持，圣戈班作为一家跨国公司，与福耀玻璃的合作必须是合法合规，而且这是第一要务。即圣戈班必须通过法律部门咨询香港方面的律师，解决了合规问题，再考虑协商具体的合作事项。

几个月后，圣戈班再次委派自己的谈判代表，正式与曹德旺展开合资谈判。作为谈判高手的曹德旺，都直呼"很辛苦"。

经过两年艰苦卓绝的马拉松式的谈判，福耀玻璃和圣戈班终于在1996年达成战略合作协议。具体的条款如下：

第一，圣戈班出资1500万美元的价格受让中国香港两家公司持有的中国福耀玻璃42%股权，交易方式是常见的由中国香港公司派股票给新股东。

第二，圣戈班出资1530万美元（12775.5万元人民币），与福耀玻璃合资成立万达汽车玻璃有限公司，占万达公司51%股权，福耀玻璃占股49%，其中曹德旺所占的股份只有16%。与此同时，还需要满足两个条件：（1）圣戈班必须向福耀玻璃转让占其在上海独资创建的汽车玻璃包边厂49%的股权，（作价按账面净值）由福耀玻璃在交割时付款给圣戈班。（2）曹德旺本人必须在福耀玻璃持有15%以上的股权，且担任福耀玻璃总经理。①

圣戈班让曹德旺担任总经理，执掌合资公司：第一，曹德旺懂得如何经营；第二，前期的考察知道曹德旺懂得中国汽车玻璃生产；第三，圣戈班要拿下中国市场，就需要选择一个中国企业经营者。

至于让曹德旺出任合资公司总经理，曹德旺开始有些不愿意，曹德旺多年后回忆道："当时我不想做，就跟他们漫天要价，开价200万（元）年薪，没想到他们价都不讲，就聘我当总经理，每年薪水还递增10%。"

时至今日，当谈起此事，曹德旺发现了法国人的精明。尽管在1993年后，曹德旺担任福耀玻璃总经理的月薪1万元。圣戈班认为，曹德旺能打开中国市场，200万元年薪不过九牛一毛，只有真正地激励好职业经理人，圣戈班才可能拿下中国市场。

为了满足上述这个条件，曹德旺最后以工业村名义受让了中汽配件与省外贸的股票，以保证交易条件的满足。在以上涉及交易案中需中国政府批准事项，在1995年年底均获得批准，最终收到圣戈班交易款是1996年春节。至此，1994年因工业村引发的福耀玻璃第一次危机，得以圆满解决。

随着出让42%的股权给法国圣戈班的全部谈判和法律文件的签署，福耀玻璃也在积极地完善企业管理制度——引进独立董事制度，聘请了独立董事，这比中国证监会颁布《独立董事指导意见》还早了6年。其间，福耀玻璃主营业务收入从上市前的1亿元增长到1995年的2.7亿元人民币，核心资产也相应从2.2亿元人民币增长到7.7亿元人民币。②

---

① 肖鸿扬.离异篇谁先抛弃了谁[J].英才，2004（10）：87-87.
② 黄旭珂.福耀玻璃：靠专一成第一[J].国企管理，2017（02）：96-99.

各取所需

相比中国大多数企业，福耀玻璃的国际化市场拓展相对较早。1990年，福耀玻璃就开始拓展美国市场。经过5年的深耕，曹德旺试图拿下美国市场的雄心已经显现。1995年，曹德旺已经着手在美国南卡罗来纳州修建一座中等规模的汽车挡风玻璃工厂。

在与圣戈班的合资中，曹德旺认为，福耀玻璃与圣戈班共建合资公司将是锦上添花。但是这只不过是曹德旺的一厢情愿。在全球市场，圣戈班共同合资的规模就高达300多家，福耀玻璃仅仅是其中之一。在这样的战略布局下，圣戈班绝对不会鼎力支持福耀玻璃在海外市场的边界扩张和拓展。

对于圣戈班而言，一旦自己鼎力帮助福耀玻璃拓展海外市场，无形中就给自己布局在全球各地的海外工厂培养新的竞争对手，变相地削弱自己的竞争能力。于是，圣戈班逐渐地抬高福耀玻璃产品的出口定价，制约福耀玻璃全球市场的发展。

在美国市场的初期拓展中，由于遭到圣戈班的掣肘，曹德旺的美国市场梦由此破灭。在接受媒体采访时，负责美国公司的曹德旺之子曹晖直言："员工成本太高了，而且美国的工人经常刮伤或者打碎玻璃，这也增加了许多费用。"

美国市场拓展得不顺利，福耀玻璃不得不改变策略。1998年，福耀玻璃只能把美国工厂转型成一个仓储中心。曹晖只能将福耀玻璃在中国大陆生产的玻璃托运到美国，再雇用十多个工人重新更换包装后，才将玻璃发给美国客户。经过3年的折腾，福耀玻璃的美国公司亏损达数百万美元。圣戈班在北美有工厂，却一直袖手旁观。曹德旺的失败，对圣戈班无异于一个好消息。[①]

[①] 肖鸿扬.离异篇谁先抛弃了谁［J］.英才，2004（10）：87-87.

这是圣戈班愿意看到的，让福耀玻璃成为自己在全球市场的一枚棋子。但是，这与曹德旺当年与圣戈班的战略初衷不符，导致双方的积怨越来越深。福耀玻璃与圣戈班的决裂只差最后一根导火索。

第一，在合资前的1995年，福耀玻璃的净利润高达4804.59万元。1996年，福耀玻璃的净利润却只有区区40.54万元。1998年，福耀玻璃的净利润竟然骤降为–1789.9914万元。这是福耀玻璃上市后的第一次亏损。甚至银行拒绝给福耀玻璃贷款。而由于净资产收益率跌破10%，则使福耀玻璃失去了未来3年内的配股权，失去了从股市中融资的资格。[①]

面对业绩下滑，双方的矛盾开始激化，圣戈班开始反思与福耀玻璃的战略性合作，甚至认为与福耀玻璃合资是一个战略性错误，已经考虑如何退出福耀玻璃。

1999年5月，在双方沟通无果的情况下，曹德旺以及福耀玻璃集团果断地出资3000万美元，回购了圣戈班手中所持有的福耀玻璃股票，曹德旺重新成为绝对控股者。随着圣戈班的退出，福耀玻璃与圣戈班的3年合资就此结束。

为了解开福耀玻璃为什么结束与圣戈班的战略性合作，《21世纪经济报道》曾以"在国际化过程中，福耀玻璃与国际巨头圣戈班从亲密合作到分手，究竟发生了什么？"为提纲，采访了曹德旺。

曹德旺是这样介绍的：

圣戈班是当时全球的大公司，像福耀玻璃现在一样。当初进中国，是因为大众汽车、奥迪汽车进中国，圣戈班是供应商要跟进来。

圣戈班跟进来的时候找中国企业合作，通过合资取得了福耀玻璃控股权。圣戈班那时候是想大举投资中国，花了几十亿美元，福耀玻璃只是他们的其中一个项目。

原来我做得很辛苦，圣戈班进来，我想他接手我就不做了，可以退休

[①] 肖鸿扬.离异篇谁先抛弃了谁[J].英才，2004（10）：87–87.

了，我根本就不想再做下去。

圣戈班后来战略上撤退，主动退出福耀玻璃时，我把股权买回来，不但没有溢价，还签有不竞争协议，5年内圣戈班不再进入中国投资组建与福耀玻璃同类的工厂。

与圣戈班合资，我做了3年的福耀玻璃总经理，但投资要通过圣戈班批准。圣戈班的人很绅士，开会从来不发火，但跟你开几个小时、几天的会议，没有一件事情可以解决。

我们跟圣戈班合作，没有得也没有失。圣戈班是很庞大的一个官僚机构，现在我理解了。我现在对报上来的项目批得很快，但下面的人可以理解，他们谋一份饭碗不容易。

没有了圣戈班的束缚，福耀玻璃发挥了自主决策，更能满足市场需求，当年就实现利润7000多万元，之后的利润连年快速增长。2022年，福耀玻璃实现主营业务收入和净利润分别为280.99亿元和47.56亿元，同比增长19.05%和51.16%。咨询集团亚洲汽车资源（AutomotiveResourcesAsia）驻上海总裁麦克·邓恩（*MikeDunn*）说："中国汽车行业的举动多是结构性的，在这个阶段，合作双方之间的矛盾不可避免，我看没有别的路可走。"

汇报石沉大海

1996年春节过后，圣戈班参与的董事会正式成立，他们没有提出因为是大股东而出任董事长，反而强调福耀玻璃董事长由王宝光先生继续担任，让曹德旺出任福耀玻璃总经理、万达公司董事长、总经理。在财务方面，圣戈班派出马克先生出任万达财务总监。

据曹德旺介绍，马克的薪水仅仅是曹德旺的三分之二，配车也按照福耀玻璃的高管安排。在曹德旺看来，圣戈班的安排上，不仅尊重中方的管理人员，更为重要的是，即使与500强共建合资企业，依旧由中方主管。

随着合作的深入，各种问题接踵而至。曹德旺曾经反思说道："我认为，事情的发生与我自己太善良有关，或者说是没有经验。我在接到马克上任报到后，发现马克虽只有40多岁，但已秃顶，带着太太与两个孩子来上任。他的工资大概在100万（元）左右吧，孩子学费、全家生活费均在这里开支，而我在1994年因同情一个朋友买了一货柜法国红酒，法国人喜欢喝，我就自作多情搬了几箱给他，并告诉他喝完了家里还有。我揣测，正是因为我的这一送礼行为，让马克在内心产生怀疑：为什么会送这么多酒给我，是不是在收买我？"

由于曹德旺缺乏跨文化的了解，结果给自己带来麻烦。不久，马克开始多处调查曹德旺和合资公司。此时，一名万达的中方财务人员居然添油加醋地跟马克说，1995年前，中国会计师审计与海外不同。曹德旺对马克说："您是代表大股东入住公司，担任财务总监，您主要职责是负责公司财政及管理政策的制订，另一方面审查监督公司高管有否在运营中贪腐和不称职……公司的健康发展要靠股东间的团结。您认为有问题的事可以向我质询，我也有责任向您解释。您在现场不去弄清楚，又瞒着我向老板报告，您想干什么？"

曹德旺补充道："我不缺钱，这份工作，原来就不想干，能留下来接这个任务完全是一种责任。"

由于跨文化的原因，马克没有听懂曹德旺的坦诚。相反，事情甚至滑向更糟的方向。随后，另外一件事件的发生，更是点燃了圣戈班与福耀玻璃决裂的导火索。

除了马克，德苏也是圣戈班外派的管理合资公司的高管，每月都会到厂视察一次，每次都不会超过24小时。每次到厂视察，先是到公司与曹德旺握手问候；其后开始视察工厂，清点设备；随后与马克私谈。曹德旺回忆道："也不知谈什么，那情景，真像驻外使馆中负责保密工作的信使。不知是不是怕文件通过传真或电邮泄密，你与他谈公司的事务，他只是哼哼，绝不会给出任何意见。"

这样的方式让曹德旺开始警觉，自从1996年4月，圣戈班正式入股福耀玻璃至1999年4月的整整3年时间里，马克和德苏几乎从来没有解决过一件具有争议的事情。例如，曹德旺根据出让万达玻璃51%股权的合同要求兑现圣戈班把上海包边厂49%股权转给福耀玻璃，马克和德苏的意见是，不给予明确的回复，目的就是拖延时间。又如，万达进口了一套CAD三坐标测量仪，缺一个软件，要求圣戈班考虑卖一套软件给万达，马克和德苏此次的意见倒是统一——不同意，说："您可以将玻璃运往法国检测。"

在与圣戈班打交道的3年间，作为万达汽车玻璃董事长兼总经理的曹德旺，向圣戈班总部汇报的报告文件摞起来有50厘米高，但是没有一份获得批准。由于长期的沟通不畅，加上急于重组美国项目，曹德旺与王宝光董事长协商，福耀玻璃单方面决定重组。

当美国项目得到重组后，曹德旺发现，福耀玻璃现有产量规模不够，应立即上马一个夹层玻璃厂。当汇报的报告文件递送给圣戈班后，依旧杳无音讯。此刻的曹德旺绝望透顶："过去3年，我放下自尊，每个项目与事项请示报告，都用法文、英文、中文三种文本进行，但都无下文。这时我醒悟过来，他们不想要我，在用这种手段逼我。"

友好终止合作

曹德旺之所以积极向圣戈班汇报，是因为随着新控股股东的加入和国家宏观经济政策的调整，福耀玻璃的盈利水平开始步入低谷。从1995年到1998年，福耀玻璃的累计盈利为558万元人民币，但主营业务收入从1995年的2.7亿元人民币增长到1998年的5亿元人民币，平均年增长率高达28.4%；核心资产也由1995年的7.7亿元人民币增加到1998年的11.2亿元人民币，增长了45%。福耀玻璃的主营业务得到了实质性的增强，用当时福建省政府一位领导的话讲就是"凤凰涅槃"。[①]但是却出现账面亏损，这让一向用业绩证明自己的曹德旺痛苦万分。

当数百次的沟通不顺畅后，曹德旺十分震怒，随后做出两个决定：第一，正式向董事会提出辞呈，辞去万达汽车玻璃的一切职务；第二，曹德旺决定自己独资投入2亿元资金，创建一家拥有生产100万套夹层玻璃厂，公司取名"绿榕玻璃"。

根据企查查的数据显示，福州绿榕玻璃有限公司成立于1995年12月28日，曹德旺为该公司的法定代表人，注册资本为1500万美元。

企查查的数据还显示，"企业地址位于福清市福耀玻璃工业村，所属行业为非金属矿物制品业，经营范围包含：玻璃制品的制造与安装（涉及许可经营的凭许可证经营）。福州绿榕玻璃有限公司目前的经营状态为注销"。

曹德旺的此次行动却意外地得到了之前一直没有消息的圣戈班的回应，老板爱申华亲自到福州问询此事。1999年4月，爱申华赶赴福州召开董事会。在万达汽车玻璃会议室召开的董事会上，曹德旺义愤填膺地出示自己签字的近百份汇报文件，而且件件都是请示汇报资料，没有一件得到解决。曹德旺

[①] 黄旭珂.福耀玻璃：靠专一成第一[J].国企管理，2017（02）：96-99.

近乎愤怒地说:"我当了3年董事长,但我还不知法国方面谁管这个公司。"

有备而来的爱申华面对非常生气的曹德旺,依旧十分绅士地说道:"您虽然是公司董事长,但不是大股东,在经营事务上,小股东应听大股东的,除非您将圣戈班股票回购,成为大股东,否则我们决定怎么做就怎么做。"

正是此次沟通,曹德旺明白了爱申华的真正意图,于是提出建议,如果圣戈班有意购买自己16%福耀玻璃股份的话,也可以出让。爱申华不接曹德旺的话:"曹总,实际上,我这次来也是想与您商量,能否将原股票回购,但是因为公司连续3年亏损,因此开不了口。"

面对爱申华的质疑,曹德旺回答说:"我分析这两家公司亏损是合理亏损。第一,福耀玻璃公司是因调整审计模式及转型期。第二,万达属新建工厂前期亏损。最大问题是股东间的互信不够。如果您同意保留原投资做大股东,授权我可以不经您同意决定经营事项……我保证用3年时间,以分红方式将您原来的投资逐步还给您,您还是永远的大股东。"

面对曹德旺的提议,爱申华只是耸耸肩:"基于圣戈班公司是上市公司,不可以这样做,所以只能退股卖股票。"

曹德旺也能理解爱申华的观点,毕竟上市讲究的是规范。曹德旺说道:"您如果想退股卖股票,如果计入3年亏损,可能要损失30%左右。"曹德旺又补充说:"我提一个条件,我愿意将您原来入股福耀玻璃与万达的资本金100%退回给您,不需要您承担3年亏损责任,也不支付任何利息给您,前置条件是您必须保证5年之内,不以任何形式进入中国投资组建与福耀玻璃、万达同类工厂。"

面对曹德旺的提议,爱申华爽快地答应了。随后,爱申华非常高兴地站起来与曹德旺握手。

曹德旺对爱申华说道:"万达原是福耀玻璃全资子公司,被您受让51%,这个资产由福耀玻璃集团收回并将款还给您,香港三益和鸿侨海外两家公司是从香港华丰公司购买,现在由我个人购回。不过,我个人钱不够,能否允许我用3年时间分批付给您?第一次付款在合同签订生效后3个工作日付500万美元，余1000万（美元）分3年付。在这期间，这两家公司股票还是属于您的，3年付清所有款项后您签字将这两家公司股票派还给我。"

爱申华同意了曹德旺的做法，说："完全可以理解，也可以接受。"就这样，圣戈班与福耀玻璃的战略性合作至此谢幕。

第9章

落子长春

第9章　落子长春

2000年8月，福耀玻璃已经开始了新一轮的战略扩张，曹德旺扩张东北的直接动因就是为了满足市场的需求。

曹德旺之所以把目标放到东北：第一，东北是中国重工业基地，又是汽车制造重镇，拥有海量的汽车玻璃需求，其战略位置非常重要。第二，21世纪初期，随着中国经济的高速增长，中国汽车生产规模和销售规模都会扩大，其市场潜力很大。

与此同时，当福耀玻璃丢掉圣戈班的束缚后，曹德旺甩开膀子开始了自己的边界扩张。

果断出击

根据国家统计局的数据显示，2001年，中国国民经济稳步增长，中国国内生产总值已突破9万亿元人民币大关，达到9.59万亿元人民币，按现行汇率折算，国内生产总值超过1.15万亿美元，成为世界上第六个经济总产量超过1万亿美元大国。这一数字比2000年增长7.3%[1]。为了更为方便地比较，列出2001年前20名全球GDP名单，见表10-1。

表10-1　2001年全球前20名GDP国家和地区排名

排名	国家/地区	所在洲	GDP（美元）	世界占比
	全世界		33.47万亿	
1	美国	美洲	10.58万亿	31.62%
2	日本	亚洲	4.3万亿	12.86%
3	德国	欧洲	1.95万亿	5.81%
4	英国	欧洲	1.64万亿	4.90%
5	法国	欧洲	1.38万亿	4.12%
6	中国	亚洲	1.34万亿	4.00%
7	意大利	欧洲	1.17万亿	3.49%
8	墨西哥	美洲	7567.06亿	2.26%
9	加拿大	美洲	7389.63亿	2.21%
10	西班牙	欧洲	6278.3亿	1.88%
11	巴西	美洲	5593.72亿	1.67%
12	韩国	亚洲	5476.58亿	1.64%
13	印度	亚洲	4854.41亿	1.45%

---

[1] 宋养琰.2001年中国GDP的数量分析——如何看待1.15万亿美元[J].理论视野，2002（04）：10–12.

续表

排名	国家/地区	所在洲	GDP（美元）	世界占比
14	荷兰	欧洲	4315.87亿	1.29%
15	澳大利亚	大洋洲	3783.76亿	1.13%
16	俄罗斯	欧洲	3066.02亿	0.92%
17	瑞士	欧洲	2872.24亿	0.86%
18	阿根廷	美洲	2686.97亿	0.80%
19	瑞典	欧洲	2423.95亿	0.72%
20	比利时	欧洲	2367.46亿	0.71%

随着中国经济的增长，居民消费购买力不断上升，作为奢侈品的汽车销售一路高涨。2001年，中国汽车累计生产233.44万辆，比2000年累计增长12.81%；累计销售汽车236.37万辆，比2000年同期累计增长13.29%[1]。

根据公开的数据显示，从全年累计产量看，增幅最大的是客车，达到18.24%，其次是轿车16.35%，货车仅增长5.02%。客车生产全面增长，其中增长最快的是大中型客车，其次是微型客车。货车中，重型车继续保持大幅度增长，中、轻、微型货车产量都出现下降。从全年累计销售量看，轿车增长幅度最大，为18.25%，客车和货车分别为17.46%和5.62%。客车细分车型均有不同程度增长，货车增长最快的是重型货车，其次是微型货车，中轻型货车销量下降。[2]

加入世界贸易组织后，中国经济迎来了更加强劲的增长态势。随之而来的是中国汽车销售也迎来了从未有过的机遇，2001—2023年新车销量呈现直线上升。

面对市场的巨大需求，曹德旺也在积极布局。正当曹德旺考虑如何在东北落地时，"98国际贸易洽谈会"给曹德旺提供了一个契机。

2000年9月6日，吉林省长春市领导到福建省厦门市参加"98国际贸易

---

[1] 新浪汽车.2001年12月中国汽车市场产销形势分析［EB/OL］.
[2] 新浪汽车.2001年12月中国汽车市场产销形势分析［EB/OL］.

洽谈会"。随后，长春市领导考察福耀玻璃。在当时，福耀玻璃已经成为一汽的供货商。

在考察福耀玻璃时，长春市领导盛情邀请曹德旺到长春扩建汽车玻璃厂。按照当时福耀玻璃的战略布局，在东北建厂，也符合福耀玻璃的战略扩张。当长春市领导邀约曹德旺东北建厂时，曹德旺立即答应。结束"98国际贸易洽谈会"回到长春后，长春市领导随即约定曹德旺考察长春的具体时间。

曹德旺之所以同意长春建厂，是因为符合福耀玻璃自身的战略。在运营中，包装和运输的运费就占到生产成本的20%左右。一旦选择在汽车制造厂附近建厂，那么福耀玻璃能极大地降低生产成本，同时还能及时地为汽车制造厂供货，解决了高库存问题。

落地长春

2000年10月4日，曹德旺考察长春。考察期间，曹德旺对长春的投资充满热情。最终，曹德旺选定在经发区建厂，原因有两点：第一，地够大也够平坦，面积近200亩；第二，地块边上还有200亩土地可以加大规模。

找到理想的地块后，曹德旺对长春市市长说道："市长，我对投产的时间要求很高，如果可以，希望能马上动工。"

市长回答说："这是一块已经收储好的地，就在开发区的手上。"

东北的冬天过于寒冷，基建施工根本无法进行，市长提醒曹德旺说道："这里一到冬天，大概11月20日后，就成了冻土，无法施工。"

曹德旺不这样认为，对市长说："到11月20日，不是还有一个月的时间么？如果工程队马上进场，在冻土期到来前，把杯口做好，不是就不影响工期了吗？"

在曹德旺看来，时间就是金钱，时间就是效率。按照正常的施工进度，仅仅做基础杯口的工程，就需要3—4个月的时间。时间不等人，曹德旺期望一个半月的时间就能做好。曹德旺询问施工工程队能否按时完成，工程队给出"可以完成"的答案时，曹德旺很高兴。据了解，工程队之所以能把90—120天时间压缩到45天，是因为通过三班倒、昼夜施工的办法达成。

后来，据曹德旺介绍："就这样，我4日到长春，6日确定地块，10日破土动工。我和公司的副总何世猛出席了奠基仪式。这个看地和开工的纪录够快了吧？当时连手续都还没有办，土地款也没有打，就开工了。'先开工，一切手续，后补。'市长说。"

在各方的支持下，福耀玻璃厂房的建设热火朝天地进行着，甚至还创下了建设新纪录。十多年后，曹德旺回忆道："福耀玻璃厂房的基础工程，最终在工程人员和政府各方的大力支持下，在短短50天时间里顺利完成，创下了长春开发区建设'第一速度'的纪录。"

曹德旺"'第一速度'的纪录"所言非虚，从2000年10月曹德旺考察长春市，并启动福耀玻璃长春公司的建设开始，到各项工程进入扫尾工作，并于2001年10月15日正式投产，耗时一年。

福耀玻璃工厂之所以能够拥有如此快的创建速度：第一，闽商的吃苦精神。在北方严寒的冬季里，气温很低，但是闽商却在刺骨的寒风中，在冻土上施工作业，从冬天到春天，其精神感动了当地政府："原来你们南方人是这样干活的！"

曹德旺介绍："严寒的冬天，一群南方人，没有宿舍，没有暖气，没有平坦宽阔的水泥路，没有出租车，没有工作餐，一块木板搭起一张饭桌，小商小贩送来的饭菜，三元一份，你一盒我一盒，老总、经理、员工挤在长条桌前坐着，三扒两扒，快速吃完。什么时候设备到公司，卸货、安装就开始。"

第二，在引进生产设备的同时，更注重自己制造。在长春建厂时，为了解决玻璃生产设备自己制造的问题，曹德旺强化国产化的汽车玻璃生产设备研发。据曹德旺介绍："长春的生产设备，40%是国外引进的，60%是自己制造的。当时没有厂房，60%的设备是租的。"

曹德旺说："没有生产设备的地方，就租了拖拉机厂的一个车间。就是在这个车间里，福耀玻璃的工程技术人员，经过7个月的攻关，研制成功了国内第一台国产化VPL设备。这是福耀玻璃的工程技术人员自行设计、自行研制的。"

多年后，曹德旺对福耀玻璃长春工厂的赞誉很多，尤其是以后的新工厂，都更多地借鉴了福耀玻璃长春工厂的经验——采用自己制造的设备。这是福耀玻璃把工厂修建在汽车制造厂，快速复制的关键原因。

按照曹德旺的战略部署，福耀玻璃长春工厂一期的产能规模将达到年产60万套汽车玻璃和5万片大巴前挡玻璃。

在曹德旺看来，福耀玻璃布局长春，有力支持了东北，特别是长春汽车工业的发展。提高客户服务质量，这是福耀玻璃集团实施以名优规范行业品牌及市场秩序的战略之一，同时也是汽车零部件企业的较佳落脚点。

在接受媒体采访时，福耀玻璃集团长春有限公司翁祖盛总经理介绍称："福耀玻璃早期是作为一汽的配套供应商进入长春的。几年来，一汽的产能越来越大，需要的玻璃也越来越多，要求也在提高。福耀玻璃从2003年开始自主研发玻璃，成本大幅下降，技术却不断升级。价格逐渐走低，质量却不断提高，随时与全球接轨，凭着价格与质量的两大优势，不但稳定了自己作为一汽非常大的汽车玻璃供应商的地位，还拓展了东北、华北更多的市场。公司已成功地为一汽大众、一汽轿车、天津一汽丰田、天津一汽夏利等国内近40家汽车制造厂提供配套玻璃。福耀玻璃不仅把长春作为它的一个制造工厂，还是营销中心、策划中心，可谓'中国汽车玻璃总部'。"

福耀玻璃长春工厂投产后，东北、华北两个片区的汽车厂成为长春公司的最初客户，把一汽大众、一汽轿车、一汽解放、沈阳华晨金杯、哈飞汽车、保定长城、郑州宇通、北京现代、天津一汽丰田等十几家客户的订单逐步收入囊中。[1]

曹德旺说道："2002年4月，我在对长春公司进行工作视察后，根据市场需求及当前生产状况作出启动长春公司二期工程的决定。二期建成后，长春公司的产能翻了几番，形成年产300万辆轿车玻璃、5万片大巴玻璃及30万片货车挡风玻璃规模。"

---

[1] 万红.一座工厂，一个千亿级产业群———汽—大众华北基地投产［N］.天津日报.

第10章

参股万安玻璃厂

福耀玻璃长春工厂的投产，给福耀玻璃集团的战略扩张提供一个新启示：第一，福耀玻璃成为中国汽车安全玻璃龙头的脚步开始大步向前；第二，福耀玻璃的扩张已经势在必行。

随后，福耀玻璃在上海、重庆、北京、湖北、广州、郑州等地开始布局。2002年4月，福耀玻璃集团在重庆市一期投资1.3亿元，建设西南地区规模最大的汽车玻璃生产基地，计划将达到年产50万辆（套）汽车玻璃、3万件大巴玻璃和1万套汽车用防弹玻璃的生产能力，年产值1.5亿元，产品辐射西南市场8省1市[①]，福耀玻璃由此轰轰烈烈地启动了布局全国市场的新引擎。

---

① 凌燕，潘霓.遭反倾销之苦 福耀玻璃国内圈地［N］.证券日报.

开拓西南

2002年的某天，曹德旺正在着手福耀玻璃上海的建厂事宜，他的秘书告诉他："曹董，重庆万盛区的一个副区长（孙瑞彬）和万安玻璃厂的厂长（张崇林）明天想来公司拜访您，可以吗？"

听到秘书的汇报，曹德旺欣喜万分。吩咐秘书马上安排此次会见。在曹德旺的规划中，位于西南重要交通要道的直辖市重庆，是福耀玻璃布局西南的一个重要战略支撑点。按照当时的规划，在五年计划中，福耀玻璃重庆建厂已经是箭在弦上。

按照秘书的安排，次日8时许，时任重庆万盛区副区长孙瑞彬和万安玻璃厂厂长张崇林准时拜会曹德旺，他们还带来了时任重庆市委书记秘书的介绍信。

公开信息显示，张崇林之前是一名老师，当看到万安玻璃厂的改制潜力后，联合其他几个人共同承包了万安玻璃厂，张崇林成为万安玻璃厂厂长。

张崇林很直率，直截了当地道出此行拜会的目的。张崇林对曹德旺说道："曹董，我们万安是为长安汽车厂服务的，在西南片还是有一定的市场，但我觉得自己无法将万安厂做得更好，所以此次前来，邀请您去我们万安看看，希望福耀玻璃收购万安，入股也行。"

相比张崇林，孙瑞彬副区长就要委婉得多。孙瑞彬说道："我们区姜平书记特意去市政府求得一信，派我专程来请您去考察。正如崇林讲的，不管是独资或合资，区里都会支持。"

曹德旺认真地看完介绍信后说："这几天就去有困难，容宽几天。"敢想敢干的曹德旺随后安排了行程。半个月后，曹德旺考察重庆。在江北机场，张崇林厂长负责接机。然而，接机工作并不顺利。原因是，在当时没有修建高速公路的情况下，从江北机场到万盛，光行程就要5个小时，加上路况不好等原因，接曹德旺的车辆开到一半时，车轮胎居然坏掉了。

第10章 参股万安玻璃厂

接机虽然出了点意外，但是接待还是非常隆重。对地方政府来说，招商引资是一件大事，地方领导也会积极配合。当曹德旺抵达万盛时，区委书记姜平以及领导班子、招商局长等多人到场迎接，对曹德旺的招待更是无微不至。时隔多年，曹德旺写道："上主食时，还特意为我煮了一碗青菜汤面。看着清汤寡水的面，我问：'这个要怎么吃啊？'"

曹德旺满脸疑惑，孙瑞彬副区长解释说道："曹总，我们担心您吃不了辣，又怕饿到您，所以特意交代厨师上一碗清汤面。您呢，看桌子上什么菜能吃，加到面里一起吃。"

曹德旺回答说："我走南闯北，什么菜都适应了，你们吃什么，我就吃什么，你们重庆的菜其实并不辣。"

在其后的招待中，重庆方面就不再担心曹德旺吃不了辣椒。曹德旺回忆道："孙副区长还在重庆到处帮我找他认为最辣的菜，什么王胖子鱼头、歌乐山辣子鸡、陈麻婆豆腐，等等，但还是没有把我辣到。"

第二天，曹德旺在考察万安玻璃厂时发现，该厂的规模虽然与高山玻璃厂差不多，但是其价值没有预期好。不过，万安玻璃厂旁大约100亩的土地让曹德旺看到了开发潜力。

经过一个下午的磋商，曹德旺决定在万盛建厂，合作的方式是与万安玻璃厂合资。曹德旺的理由有如下三个：

第一，万安玻璃厂是长安汽车的供应商，福耀玻璃可以借助万安玻璃厂与长安汽车合作。

第二，"万盛区干部、人民都很厚道，特别是姜平书记、程真祥区长都非常难得，自古有未求财先求伴之说"。

第三，"万安玻璃厂紧靠城市边，职工生活工作十分方便，加上区里对我们提出的要求不打任何折扣"。

在三个理由中，前两个理由让曹德旺无法拒绝。当天，曹德旺就签下了两份合同：一份是参股万安玻璃厂，福耀玻璃持股75%的股权；另外一份是向万盛征地100亩。

全资持股万安玻璃厂

当万盛合资的项目事宜确定后，曹德旺赶到重庆，与十八冶玻璃厂厂长夏露和党委书记赵雪玉等人约谈。

在约见之前，夏露和赵雪玉已经知道了曹德旺与万安玻璃厂合资的事情。据了解，十八冶玻璃厂拥有员工100余名，此前已经通过全员集资，建起了玻璃生产流水线。

此次与曹德旺约谈，目的是期望能与福耀玻璃深度合作。对于曹德旺来讲，已经参股收购了万安玻璃厂，这近乎已经堵死了与十八冶玻璃厂的深度合作之路。不得已，曹德旺提议，福耀玻璃先购买十八冶玻璃厂，随后将其拆除，工人并给万安玻璃厂。曹德旺说道："从我个人的角度，我个人拿钱把你这个工厂买了，你们把钱还给工人……万盛的玻璃厂按福耀玻璃的思路建厂后，你们肯定不是我们的对手，没几天就倒掉了。你们辛辛苦苦的钱没了，要骂我的。考虑到工人的辛苦钱，不会因为我的到来而受损，我可以用一个合理的价格买下你们的工厂。"

夏露厂长不希望被买断，还是期望合资，但是不符合曹德旺的战略规划，曹德旺说道："我上面建一个厂，下面再建一个厂，自己的两个厂自己在这里竞争，这个是不可能的。你们的工厂关掉后，把这里的工人调到万盛厂去上班，这里的工厂拆了。"

几经权衡，夏露厂长最终同意了曹德旺的提议，也安排了相关事宜："原十八冶玻璃厂的工人，凡愿意去万盛上班的，就安排进万盛；不愿意去的，就拿回当年集资的钱和转业安置费用，离开工厂。"

过了一个月，当曹德旺再次出差到万盛时，张崇林找曹德旺谈话。大意是，与张崇林一起的合伙人担心福耀玻璃投资过猛，必然增加合资企业的经营风险。与其担心，还不如把持有万安玻璃厂25%的股份全部卖给福耀玻璃。

  曹德旺立即答应了张崇林的要求,并请张崇林抓紧办理。经过八九个月的整顿后,万盛投产了。

第11章

逆风扩张

长春、重庆建厂后，曹德旺的投资热情并未降下来，而是继续扩建。2002年7月，福耀玻璃投资5亿元，在上海国际汽车城内建设福耀玻璃的第四个生产基地。

按照曹德旺的战略设想，一期工程后，上海福耀玻璃将具有年产50万套汽车和4万套大巴车玻璃的生产能力。至此，通过一系列的投资、收购、兼并等措施，福耀玻璃已经构筑了福建、长春、重庆、上海四大汽车生产基地的产销格局。

此刻的福耀玻璃，已经成为名副其实的汽车玻璃"龙头"供应商。根据《证券日报》披露的数据显示，福耀玻璃年产量比排在中国本土第二大汽车玻璃生产企业——上海福华的7倍还要多，甚至超过排名第2至10名汽车玻璃厂家生产数量的总和。

《证券日报》还披露，2001年，在中国本土中高档汽车配套市场，福耀玻璃占据60%的市场份额，主要给中国一汽、二汽、上海通用提供汽车玻璃。在美国汽车玻璃市场，在中国出口美国的所有挡风玻璃制品中，福耀玻璃占据70%的市场份额，同时占据全北美市场12%的份额。[1]

国内外市场的顺利拓展，使福耀玻璃加速延伸到汽车玻璃产业链。2002年7月，曹德旺在接受媒体采访时说："福耀玻璃投资1亿美元建设一条年产15万吨优质浮法玻璃生产线的申请，今年（2002年）4月已经获得国家有关部门的批准。未来，福耀玻璃还要建5至6条浮法玻璃生产线。"

---

[1] 凌燕，潘霓.遭反倾销之苦 福耀玻璃国内圈地[N].证券日报.

涉足高端汽车玻璃制造

1999年后，中国汽车产业快速发展，产能节节攀升，中国本土市场的产能扩建达到了一个新的高度。根据《证券日报》披露的数据显示，"新建成投产、在建和筹建的浮法玻璃生产线多达39条，新增生产能力近7000万重量箱，相当于2000年玻璃总生产能力2.16亿重量箱的33%。重复建设过猛，供需失衡，导致价格下降，平板玻璃行业经济效益整体下滑。2001年前11个月，全国玻璃库存增加67%，价格下跌25%，全行业净盈利同比下降52%，近1/3的国有及国有控股玻璃生产企业亏损。如果除去12家玻璃企业债转股后息转利因素，实际上玻璃行业已接近亏损边缘，一些2000年刚刚扭亏的企业，2001年又重陷亏损境地。"

面临诸多问题，曹德旺却看到了其中的机会。曹德旺说："我相信这条浮法玻璃生产线也会像其他玻璃一样有很高的利润，我估计，我们的一条线一年就可以赚1亿元。福耀玻璃是家上市公司，任何一项投资都要对股东们负责，但我相信这项投资是没有风险的。一，这项投资是列入我们2003年投资计划内的，对今年的业绩不会产生任何影响。二，我们浮法玻璃前期是为了满足我们自己的需要，按照我们现在的生产能力，起码需要2条浮法玻璃生产线。现在，我们需要的原料玻璃，50%以上都是进口，一吨玻璃包装费就要300元、运费300元，再加上20%的关税，成本就高了，如果我们自己建生产线，一年就节省成本8000多万元。"

数据显示，截至2001年年底，中国本土市场就存在3000多万吨的优质浮法玻璃需求。曹德旺说："我手上有一份美国权威机构的市场调查，未来30年，全球浮法玻璃市场需求是呈上升趋势的。"

在当时，与曹德旺有类似看法的还有国家经贸委经济运行局的一位负责人。该负责人介绍："目前我国玻璃产量居世界第一，但在总量过剩的同时，存在着结构性短缺，高档优质浮法玻璃仅占总量的10%左右，国产的优质浮法玻璃数量还不能满足国内市场的需求，国家每年要花大量外汇从国外进口。据预测，到2005年，我国的优质浮法玻璃市场需求量为6000万至6500万重量箱。"①

---

① 凌燕，潘霓.遭反倾销之苦　福耀玻璃国内圈地[N].证券日报.

引进境外战略投资者

在福耀玻璃的边界扩张中，资产负债率从1998年开始不断扩大：1998年是60%，1999年64%，2000年65%，2001年66%。

2002年，"走进中国上市公司——福耀玻璃联合调研课题组"对福耀玻璃考察后，综合测算：福耀玻璃未来几年主营业务将保持20%—30%的增长速度，公司4年来资产负债率、速动比率和流动比率都保持在稳定的水平，公司财务控制能力较好。但他们也对福耀玻璃提出了投资预警：公司负债率明显偏高，大量投资使公司的现金流量净额也（显得）不足，公司目前需要股权融资以改善资本结构。[1]

对于股权融资，曹德旺并不热心。曹德旺说："我们已经发了公告，准备发新股。我们已经7年没有发新股，没有配股了。我们现在一天的现金流量大概是100万元，一条浮法玻璃生产线需要5亿元，我们一年的现金流，再加上1：1的银行配套贷款，已经足够了，我们不缺钱，只要你有好项目，有好的管理，就不用愁钱的事。"

至于其他项目的投资，据曹德旺介绍，除了自有资金外，银行贷款较多。理由是，与其他企业不同的是，福耀玻璃拥有较好的信誉和充裕的现金流，在贷款时，不需要福耀玻璃提供担保。曹德旺说道："银行都在找诚信的客户，他们想把钱贷给福耀玻璃。"

对于外界质疑的过高资产负债率问题，曹德旺回应道："到今年（2002）福耀玻璃发年报时，公司的资产负债率就会降到1998年的水平，即60%。因为公司这两年一再上项目，钱已经支出了，等公司增发新股的资金到位后，就还给银行，负债率自然就下来了，而且，前面的一些项目也快要有

---

[1] 凌燕，潘霓.遭反倾销之苦 福耀玻璃国内圈地[N].证券日报.

盈收了，所以，我们并不担心财务状况，没有感觉到资金方面的压力。"（注：2022年年报显示，福耀玻璃资产负债率为42.90%。）

除了银行贷款，福耀玻璃还通过其他的融资渠道解决过高的负债率问题。2006年12月，福耀玻璃创建北京福通安全玻璃有限公司。在之前一周，高盛获得北京福通安全玻璃有限公司10%的股份。根据福耀玻璃的公告信息显示，福耀玻璃以向高盛非公开发行股票的方式，引入境外战略投资者，此次增发募集的资金8.9亿元左右。通过增资，高盛持有其10%的股权。

北京福通安全玻璃有限公司的相关负责人在接受媒体采访时介绍称，北京工厂只是福耀玻璃2006年开工建设的工厂之一。2006年以来，福耀玻璃作为中国本土市场最大的汽车玻璃生产商，为了满足客户的需求，福耀玻璃进入快速的扩张期，扩张的区域在北京、广州和海南等地。

随着飞速的扩展步伐，多个项目的开工，福耀玻璃自身的负债率无疑会增加。对此，一些研究者开始关注高盛在参股10%后，后续可能增加对福耀玻璃的持股比例。尽管高盛耗资8.9亿元认购福耀玻璃11127.7019万股普通股（A股），只占发行后总股本的10%，但是研究者却提出需警惕高盛继续入资福耀玻璃，由此获得福耀玻璃的控制权。

研究者之所以有这样的观点，是因为福耀玻璃作为中国汽车玻璃生产领域的龙头企业，在当时的中国本土汽车玻璃市场占据50%—60%的占有率，在中高档汽车玻璃市场，占据超过60%的市场占有率。

在此阶段，正好遭遇跨国巨头在中国本土实行的一系列"斩首式"并购。例如，凯雷并购徐工、博世控股无锡威孚……当然，这些并购引起了中国媒体、研究者的警惕，最终无果而终。

对于研究者和媒体的质疑，福耀玻璃相关人士回应称，福耀玻璃是否会继续引入高盛目前还没有定论，但是可以肯定的是，高盛肯定不会控股福耀玻璃，公司董事长曹德旺不会同意这种做法，曹德旺曾表示，要坚持"替中国人做一片属于自己的汽车玻璃"。

福耀玻璃不愿透露姓名的人士在接受媒体采访时称，虽然当时福耀玻璃的资产负债率较高，甚至超出了正常的水平，但是引入高盛不仅仅是因为资金的问题，福耀玻璃在国内银行有很好的信贷评级，引入高盛资金是福耀玻璃国际化战略的一部分。[1]

据《21世纪经济报道》公开的数据显示，从2003年、2004年、2005年到2006年三季度，福耀玻璃资产负债率（母公司）分别为49.90%、61.17%、58.3%、54.74%，合并报表后的资产负债率则分别为55.64%、65.36%、66.26%、63.59%。客观地讲，在2003年—2006年的三年间，福耀玻璃的资产负债率一直处于高位，与福耀玻璃的快速扩张有关。2006年，福耀玻璃的海南、广州和北京工厂同时开工建设，这在不同程度上影响了福耀玻璃的现金流。福耀玻璃的这种快速扩展的战略，其实是经过深思熟虑的，就是在汽车产业链在向中国转移的过程中，提前储备产能，为更好地参与国际竞争做好准备。[2]

《21世纪经济报道》的另一篇报道也分析了福耀玻璃的负债率："事实上，福耀玻璃近年来的资产负债率，不仅一直高于国内同业水平，也远远高于上市公司整体的平均资产负债率水平……同时，由于银行长短期贷款大幅增加，福耀玻璃的财务费用也呈现逐年增长的态势，2003年—2005年的利息支出分别为0.5965亿元、1.01亿元和1.74亿元。"[3]

对于福耀玻璃的扩张，时任罗兰·贝格国际管理咨询（上海）有限公司经济分析员饶艳在接受《21世纪经济报道》采访时分析说："我认同汽车产业链向中国转移的这种说法，从近几年跨国公司增加在中国的投资额以及增加在中国的建厂数量已经能够说明这一点。"

高盛之所以投资福耀玻璃，是因为：第一，中国拥有巨大的消费市场。第二，中国拥有相对欧美国家更加低廉的劳动力成本。第三，中国拥有较为完整的制造门类。第四，中国拥有多样的员工和人才。

---

[1] 丛刚.国际投行高盛否认"斩首式"并购福耀引资提速扩张[N].21世纪经济报道.
[2] 丛刚.国际投行高盛否认"斩首式"并购福耀引资提速扩张[N].21世纪经济报道.
[3] 张望.高盛集团入股家族企业破解福耀玻璃资金死结[N].21世纪经济报道.

对于福耀玻璃通过引入境外战略投资者的做法，时任博鳌亚洲论坛秘书长的龙永图告诫中国企业说："在这种转移过程中，中国企业应该制定自己的国际化战略，并参与到跨国公司、跨国产业链和工业链的运作中去，同时，中国企业要朝着做供应链和生产链的方向发展，研究如何加入全球生产链。"

为了更好地参与到全球竞争中，福耀玻璃采取了"小跑快走"的快速扩张模式。对此，曹德旺介绍说："海南、广州和北京各厂都建成后，可以5年不建厂，加上旧厂改造与整顿后，福耀玻璃的产能将提升2倍。"

据《21世纪经济报道》的分析，福耀玻璃的高速扩张一直是以较高的资产负债率为代价，为了抢占市场而选择投资项目的时机为时过早，蕴含着偿债和支付能力不足的风险，因而在2005年5月23日的临时股东大会上被公众股东否决了增发不超过1.4亿A股、募集资金不超过13.3亿元的议案。[①]

福耀玻璃管理层回应称："长时间较高的资产负债率和较低的资产流动性会影响经营安全性。"在福耀玻璃管理层看来，降低企业的经营风险，就需要保持较为适度的资产负债率。此次通过引进战略投资者，目的不言而喻。根据与高盛集团的协议，福耀玻璃此次计划将募集资金的80%，即7.1亿元，用于偿还银行贷款，另外的20%，即1.8亿元，用于补充公司流动资金，借此减少银行贷款，使资产负债率降低到54%左右。[②]鉴于此，福耀玻璃引入高盛资金，目的就是为福耀玻璃的全球化战略铺路，提升福耀玻璃的品牌知名度。

2007年11月5日，福耀玻璃发布公告称，11月2日，经中国证监会发行审核委员会审核，福耀玻璃向高盛旗下的高盛汽车玻璃公司非公开发行股票方案未获通过。知情人士表示，福耀玻璃非常重视信誉，而且与高盛合作很好，不会轻易反悔，为此再三向证监会申请，但最终未被批准。

---

① 张望.高盛集团入股家族企业破解福耀玻璃资金死结［N］.21世纪经济报道.
② 张望.高盛集团入股家族企业破解福耀玻璃资金死结［N］.21世纪经济报道.

第12章

状告美国商务部

第12章 状告美国商务部

2001年12月11日，经过多年的艰难谈判，中国成功地加入世界贸易组织（World Trade Organization，简称WTO），成为其第143个成员。这意味中国企业深度参与全球化市场竞争的里程碑。

全球市场的巨大潜力正在吸引中国企业全球化，借着中国加入世界贸易组织的契机，加速中国企业进一步国际化。曹德旺稳步地推进福耀玻璃的全球化战略，迎来大发展，尤其是在2000年后，海外市场份额持续扩大。

除了曹德旺，大批来自中国的汽车玻璃制造商为了争夺市场，发起了价格战，越来越低的销售价格，引起了海外汽车玻璃制造商的不安。随后，海外汽车玻璃制造商在北美对福耀玻璃等中国汽车玻璃企业发起反倾销调查，中国企业遭遇反倾销的幕布也正在徐徐拉开。

面对对手的反倾销调查，曹德旺组建专门的反倾销应诉办公室，并派出工作小组。在2001年—2005年福耀玻璃对美国反倾销官司中，曹德旺带领福耀玻璃团队艰苦奋战，历时数年，花费一亿多元，打赢了这场举世闻名、旷日持久的官司。福耀玻璃也成为中国第一家状告美国商务部并赢得胜利的中国企业。[①]

[①] 张宁.对贸易壁垒说"不"——福耀玻璃胜诉反倾销[J].北大商业评论，2005（03）：96-103.

成立反倾销领导小组

21世纪初期，随着中国加入世界贸易组织，中国企业国际化市场拓展明显加快，福耀玻璃就是其中一家。随之而来的是中国企业在海外市场遭遇前所未有的反倾销调查，突如其来的狙击，一度让中国企业的国际化举步维艰。

面对海外市场的刁难，"爱拼才会赢"的曹德旺却并不打算妥协，而是选择积极应对，绝不接受被海外扣上市场倾销者的帽子。正因为如此，福耀玻璃在美国市场的拓展迎来了前所未有的机遇。

2001年2月28日晚间，销售部的黄中胜在互联网上浏览到一条有关福耀玻璃的新闻。内容是美国PPG工业公司联合其他两家美国玻璃公司，向美国商务部（United States Department of Commerce）起诉来自中国制造的玻璃倾销。

根据PPG中国官网信息显示，PPG公司始建于1883年，总部设在美国匹兹堡市，是世界领先的涂料和特种材料供应商，自1955年至今连续位居美国财富500强企业之列，2020年名列第209名。并连续多年被《财富》杂志评为全球最受赞赏的化学品公司，2021年名列第四名。其产品包括油漆、涂料及特殊材料，主要应用于建筑、消费品、工业、交通运输等领域及其售后市场，其运营和研发机构遍布全球超过75个国家和地区，2021年公司全球销售额达168亿美元。在美国《新闻周刊》发布的2021年美国最负责任公司榜单中，PPG位列第130位。①

与此同时，PPG工业公司是较早地涉足中国市场的全球化学品公司之一。20世纪80年代末，随着中国改革开放的深入，PPG工业公司积极地投

---

① PPG中国官网.公司概述［EB/OL］.

第12章 状告美国商务部

资中国市场，经过多年的发展，PPG工业公司在中国共设有十六家工厂和四个研发中心，员工人数近4000名。PPG在中国生产及销售航空材料、汽车涂料、工业涂料、包装涂料、建筑涂料、汽车修补漆、轻工业涂料、工业防护及船舶涂料以及特种材料等。在第九届中国公益节中，PPG凭借"多彩社区"项目荣获"2019年度公益项目奖"。[①]

在当时，虽然处于起诉阶段，美国商务部对福耀玻璃是否存在反倾销尚未作出表态，以及是否立案调查。福耀玻璃美国分公司的判断是，美国商务部同意立案的可能性很大。于是，黄中胜把此消息电话汇报给曹德旺。

面对美国公司的刁难，曹德旺立即通知福耀玻璃各部门经理以及集团高管参加第二天的晨会，讨论此事，并做出一个较为完善的应对办法。

然而，与会者对此事的处理存在分歧，双方争执不下，难以达成共识。

一方的观点是：应诉成本高昂，能否胜诉尚不明朗。福耀玻璃在中国本土市场供不应求，且利润比外销更高。

另一方的观点是：积极应诉。一旦放弃应诉，就意味着承认福耀玻璃存在倾销，也就意味着放弃国际市场，甚至蔓延到其他国家和地区的市场。

对于当时的福耀玻璃，积极防御是有效的进攻。

针对两个提案，曹德旺倾向于第二个。曹德旺说："第一，放弃就等同于退出国际市场。而退出国际市场，意味着最终也要退出中国市场。因为汽车行业的全球化要求很高。我们的客户主要是全球八大汽车厂，他们实行的采购策略，是全球策略。第二，在美国就是打官司也得讲证据。而福耀玻璃是一家民营企业，我们是1999年开始使用ERP信息集成系统，保证了会计资料完整而且可信。第三，据了解，反倾销诉讼是国际贸易组织唯一允许使用的行政壁垒，当企业被起诉时，只能依靠自己去说清楚。当然，我们可以作出放弃的决定，但丢掉的不是'国际市场'四个字，更是企业应承担的维护国家尊严的责任。"

---

① PPG中国官网.公司概述［EB/OL］.

经过双方针锋相对的争论，最终的结论是，福耀玻璃决定应诉。既然敢于亮剑，就必须组织最强的力量来应对，确保此次反倾销官司能够赢得胜利。在会议上，曹德旺开启了应诉准备：成立反倾销领导小组，我自任小组长，任命曹晖与黄中胜任副组长，曹晖负责在美国一线操作，要求聘请美国最好的反倾销律师，黄中胜负责国内应诉材料，搜集作为后援机构支持美国应诉。会议决定集团各部门无条件配合并接受黄中胜领导，根据需要提供资料支持。

反倾销税率降到3.04%

当集体决定积极应诉后，曹德旺把详细的应对情况告知了曹晖。2001年3月20日，美国商务部应PPG等公司申请开始对福耀玻璃进行反倾销调查。

美国商务部于1903年2月14日成立，总部位于美国华盛顿特区宪法大道赫伯特·C.胡佛大楼1401号。主要职责包括：经济数据的统计和公布、进出口商品的管制、国外直接投资和外国人旅游事务的管理、进行各种经济调查以及社会调查、专利管理等。

随后，曹晖迅速启动应诉预案，聘请美国规模最大的律师事务所之一的 Grunfeld Desiderio Lebowitz Silverman & Klestadt（简称"GDLSK"）律师事务所最有经验的反倾销律师。

据GDLSK介绍，GDLSK专注于国际贸易与海关事务，包括进出口贸易事务，特别是国际海关、边境保护、海关贸易等事务。

2002年4月，美国国际贸易委员会（The United States International Trade Commission）也行动起来。美国国际贸易委员会参照美国1930年关税法，在对被控产品进行反倾销调查的基础上，作出初步裁决，来自中国制造并出口美国市场的ARG挡风玻璃低于公平价值销售，导致美国相关的产业受到了实质性损害，裁定福耀玻璃在美国的倾销幅度为11.8%。

经过此次判决，曹德旺对美国市场有了一个全新的了解。当美国国际贸易委员会作出如此判决时，曹德旺简直难以置信。正如《人物周刊》报道，"羞辱""蔑视""尊严"等感情色彩强烈的词汇迅速充满了曹德旺的胸腔。[①]

面对美国的初步判决，曹德旺直言："我打输也是赢，我要告诉全世界

[①] 李燕君，王芳，瞿继鸿等.曹德旺反倾销胜诉第一人［J］.人物周刊，2005（02）：111-111.

美国人是怎么回事。"

正当福耀玻璃在美国应诉时，美国商务部也判定福耀玻璃存在倾销行为。2001年9月19日，美国商务部作出初步裁决，认定原产于中国的ARG挡风玻璃正在或将要以低于公平价值的价格在美国市场上销售，信义集团（玻璃）有限公司被裁定0.05%的反倾销税率，福耀玻璃等5家中国企业及加拿大TCGI被裁定9.79%的反倾销税率，其余未应诉的企业反倾销税率高达124.50%。[①]

美国商务部的此次裁决，给曹德旺打赢反倾销官司增添了信心。与此同时，在相关利益方的斡旋下，福耀玻璃的反倾销税率降到3.04%，与高达124.50%反倾销税率相比，已经是近乎为零。曹德旺说道："（2001年）9月21日，应利益关系方要求，（美国）商务部对初裁进行修订，福耀玻璃的反倾销税率降到3.04%。我们继续申诉，并继续提供相应的材料。"

然而，随后的裁决让福耀玻璃做好再次迎战的准备。2002年2月12日，美国商务部作出最终裁决，裁定福耀玻璃的倾销税率为9.67%，信义集团为3.70%，其他5家企业取福耀玻璃与信义的加权平均值均为8.22%，其余未应诉的企业仍为最高税率124.5%。

2002年3月，美国国际贸易委员会作出裁决，裁定"从中国进口的ARG挡风玻璃在美国低于公平价值销售对美国的产业造成了实质损害。之后，就利益关系方的要求，（美国）商务部于（2002年）3月15日对终裁作出修订，福耀玻璃的倾销税率从9.67%增加到11.8%"。接到美国国际贸易委员会的终裁结果后，除了福耀玻璃，其他的企业都退缩了。

[①] 姜兵.加拿大征福耀玻璃24%反倾销税［J］.建材工业信息，2002（10）：52–52.

状告美国商务部

2002年，福耀玻璃在中国本土市场进行激进的扩张，试图谋求更大的市场份额。面对美国国际贸易委员会的终裁结果，曹德旺再次燃起斗志，决定拿起法律的武器，给福耀玻璃讨个清白。2002年4月17日，曹德旺在北京召开"福耀玻璃就美国商务部反倾销案最终结果提起上诉"的新闻发布会上说道："我要状告美国商务部。"

在接受《证券日报》记者采访时，曹德旺再次表示，"要状告美国商务部"。不仅如此，曹德旺还介绍，"为准备2003年3月的反倾销行政复审，福耀玻璃还专门成立了一个'应诉反倾销小组'，所聘请的美国某著名律师所的律师也已到达福耀玻璃总部进入工作状态。现在应诉反倾销的第一阶段已经结束，福耀玻璃被判加征11.8%的关税"。曹德旺表示，福耀玻璃没有想到会有这样的结果，福耀玻璃现在正在准备诉讼状，并有待于律师做出进一步分析和组织相关材料，准备通过行政复审把这个结果'扳回来'。[1]

关于曹德旺直击美国的反倾销，《人物周刊》报道称，"出身乡间的曹德旺性格中带有秋菊式的耿直倔强，甚至想到成立反倾销研究中心；不同的是，30余年（2005年）商海生涯让他懂得这种官司不能单枪匹马逞一时之勇。福耀玻璃兵分两路，申请复审的同时，将美国商务部起诉至美国国际贸易法院。"[2]

曹德旺说道："我们以美国商务部裁决不公为由，把美国商务部告上了联邦巡回法庭。通过一年半的努力，诉讼取得了初步胜利。2003年12月，美国国际贸易法院作出初步裁决，对福耀玻璃状告上诉书上9项主张中的8项予以赞同，同时发出命令书要求美国商务部对此案重新审理。除了向美

---

[1] 凌燕，潘霓．遭反倾销之苦　福耀玻璃国内圈地［N］．证券日报．
[2] 李燕君，王芳，瞿继鸿等．曹德旺反倾销胜诉第一人［J］．人物周刊，2005（02）：111-111．

国法院提出上诉,福耀玻璃还向美国商务部提出年度行政复审。"

当然,曹德旺起诉美国商务部,缘于当时的社会背景。21世纪初,随着中国制造的崛起,中国已有上百种商品产量位居世界第一。2002年,中国进出口总额超过6000亿美元。

在火热的中国制造背后,一些隐忧也开始出现。2003年10月24日,根据总部设在瑞士日内瓦的世界贸易组织的"2003年上半年反倾销调查报告"数据显示,中国共遭遇12起反倾销起诉,在WTO成员中排名首位。

中国之所以排名首位,是因为在1999—2003年的5年中,在"337"条款案件中充当被告的中国企业鲜有去进行积极抗辩的,同时大部分中国企业没有出庭。美国公司由此认为,几乎没有中国公司会在337条款调查中进行抗辩。

让美国商务部没有想到的是,中国福耀玻璃却开了先河,将美国商务部起诉至美国国际贸易法院。在接受媒体采访时,曹德旺介绍道:"状告美国商务部,这也算是我们在国际贸易纠纷中从不知道到知道的一种认识过程。当我们刚准备应诉时我说过:几千万的玻璃是小事,但一个国家的事情是大事。当时以为美国是老牌市场经济国家,同时也是WTO缔约国中活动最积极,在平时的贸易活动中也一贯推行WTO的'公平、公开、公正'原则……从以上几点考虑,它肯定会维护公平的裁判。后来的判决证明我是错的。当判决下来后,我意识到这不但是在枉法裁判,更是国家对国家间的一种贸易报复和惩罚。为了区区几千万,一些美国商务部官员居然不顾国家与法律的尊严与廉耻枉法判决,这是让人绝对不能容忍的。"

在接受媒体采访时,曹德旺坦言:"我要让全世界人通过这场官司看到一些美国贸易官员所谓的公开、民主的虚假性和欺骗性。WTO讲的是市场经济规则,而市场经济规则则要求公平、公开、公正。我们是上市公司,所有财务数据和相关成本都是绝对公开有效的。这也就是他们强调的公开的原则。再说公平。我们的一切商业行为均遵守条约合同,没有一点弄虚作假。直到今天为止,起诉我的美国人是拿不出半点证据来指责我们的以上三点。"

反倾销硝烟再起

在反倾销突围战中，正当福耀玻璃积极备战美国反倾销案时，加拿大又掀起对福耀玻璃的反倾销战，福耀玻璃腹背受敌。

2001年9月20日，加拿大PPG和Lamiver两家企业共同向加拿大海关税务总署及国际贸易法庭提交"对原产于中国的ARG挡风玻璃进行反倾销调查"申请。

接到申请，加拿大海关税务总署及国际贸易法庭随后对福耀玻璃启动反倾销调查。2001年12月18日，加拿大国际贸易法庭和加拿大海关税务总署联合发出公告，声称对福耀玻璃等4家出口汽车挡风玻璃的企业进行反倾销调查，金额达到1800万美元。

据了解，加拿大海关税务总署和国际贸易法庭是专门负责反倾销调查的机构。海关税务总署的主要职责是调查倾销是否存在及倾销幅度是多少；国际贸易法庭的主要职责是调查损害是否存在，倾销与损害之间是否有因果关系。2002年2月15日，依照《特别进口措施法》（The Special Import Mesuress Act, SIMA）第37.1（1）部分，加拿大国际贸易法庭裁定，被调查产品已经对加拿大本土产业造成损害或有损害的威胁。2002年5月2日，加拿大海关税务总署作出了初步裁决，中国涉案企业存在倾销，其中福耀玻璃被裁定的倾销税率为57%。[①]

2002年8月6日至9日，国际贸易法庭在加拿大渥太华的安大略湖召开听证会，就被指控产品是否对加拿大国内产业造成损害或损害威胁的裁定听取各方意见，福耀玻璃参加听证并提供了大量证据。

[①] 中国林产工业协会.关于加拿大海关边境署（CBSA）对木地板反倾销案初步裁决的说明[J].人造板通讯，2005（03）：42-42.

面对加拿大的反倾销指控，福耀玻璃对此早有准备，同样把美国PPG提请的反倾销对策复制到加拿大的应对策略中。据《人物周刊》介绍，加拿大2001年年底开始的对福耀玻璃的反倾销调查在2003年8月最终以不构成倾销终结，福耀玻璃为在加拿大应诉而成立的应诉反倾销小组转战美国。

当谈及反倾销的应诉过程，曹德旺说道："我们通过律师查他们的海关资料，美国PPG在加拿大卖的汽车玻璃也是由美国生产，运到加拿大的。因此，对于加拿大而言，PPG和福耀玻璃都是出口商，所以，我们的律师提出一个问题，在法庭一审开庭辩论的时候，质问加拿大的法庭，加拿大是主权国家还是美国的一个州？如果是主权国家的话，美国PPG跟中国福耀玻璃都是外国人，没有权告我们。法庭觉得我们提的意见成立。"

法官问美国PPG代表说道："被告提出的PPG在加拿大市场卖的玻璃是不是从美国运来的？"

美国PPG代表打算向法官解释，但是法官却说："请回答是或者不是。"

2002年8月30日，北京时间22点30分（加拿大渥太华时间8月30日上午10：30），加拿大国际贸易法庭作出终审裁定，来自中国的汽车挡风玻璃没有对加拿大国内工业造成实质性损害或实质性损害威胁，倾销不成立。至此，历经9个月的加拿大反倾销案，最终以福耀玻璃为代表的中国汽车玻璃行业彻底胜诉。[1]

福耀玻璃在加拿大赢得反倾销的胜利，给曹德旺打赢美国商务部的官司提振了信心。2003年12月18日，旷日持久的对美反倾销上诉请求获得美国国际贸易法院的支持。当日，福耀玻璃集团收到反倾销案上诉律师杰弗里的邮件，获悉美国国际贸易法院伊顿法官对福耀玻璃反倾销上诉案作出裁决，对福耀玻璃上诉书中9项主张中的8项予以赞同，同时发出命令书，将该案发回美国商务部，要求重审。[2]

---

[1] 王霄京.反倾销胜诉之后：关于中国汽车玻璃反倾销胜诉的思考［J］.中国建材，2002（11）：45–48.

[2] 梁固本.司法审查：反倾销的有效救济途径［J］.中国海关，2006（08）：36–37.

2004年10月15日,美国商务部公布了就来自中国的汽车挡风玻璃行政复审的终裁结果,福耀玻璃出口至美国的汽车挡风玻璃2001年9月至2003年3月期间的行政复审的终裁倾销率为0.13%(小于0.5%视同为零倾销税率)。两年的官司已经占据他太多精力,曹德旺需要集中精力重新盘点市场。[1]

作为中国加入世贸组织以来第一个反倾销胜诉的案例,战略意义大于实际的经济意义。

想明白个中事由后,曹德旺积极主动地寻求与PPG的合作。通过几轮协商,PPG同意转让技术给福耀玻璃。在接受媒体采访时,曹德旺说:"转让以后,福耀玻璃十年如一日的,准时准点的,不少一分钱交给他们技术转让费。"

---

[1] 李燕君,王芳,瞿继鸿等.曹德旺反倾销胜诉第一人[J].人物周刊,2005(02):111-111.

第13章

精细化管理

第13章 精细化管理

在《福耀玻璃2017年业绩发布会问答实录》中,有一组关于投资者与曹德旺的对话引起了我的注意。详情如下:

投资者问:"美国盈利预期那么高,竞争对手为什么达不到我们的毛利率?成本结构的差异在哪里?"

曹德旺回答说:"福耀玻璃的成本控制能力是秘诀。"

可能有读者会问,福耀玻璃的成本控制能力是什么呢?答案就是精细化管理和反浪费运动。在2012亚洲金融论坛上,曹德旺补充道:"福耀玻璃从上到下掀起一场反浪费运动。人民币升值,客户要求我们降价,如果不能把成本降下来30%,我们就没有希望。这里牵扯很多事情,包括工厂压缩的时候,成品库、材料库都要压缩。通过一系列整改,福耀玻璃成功摆脱了困境。虽然在2009、2010、2011年房地产仍然很热,建筑玻璃价格依然很好,大家都赚钱,但是我一点都不遗憾,我个人认为整体危机还没有过。福耀玻璃现在的制造成本相当于整改前的70%,下降了30%。这一点,全球同行没有一家企业能够做到,而我做到了。这样一来,我们就有信心可以渡过难关。"

控制成本

2020年以来,新冠疫情的全球蔓延给经营实体带来致命影响,福耀玻璃也不例外。《福耀玻璃工业集团股份有限公司2020年年度报告》显示,根据世界汽车组织(OICA)统计,2020年,全球汽车产量为7762.2万辆,同比下降15.8%,其中,中国汽车产量为2522.5万辆,同比下降2.0%,全球其他国家和地区汽车产量同比下降21.1%。

在此影响下,福耀玻璃的营业收入也遭遇下滑。2020年财报显示,本报告期公司合并实现营业收入人民币1990659.35万元,比上年同期减少5.67%;实现利润总额人民币310959.50万元,比上年同期减少3.76%,实现归属于上市公司股东的净利润为人民币260077.65万元,比上年同期减少10.27%%;实现每股收益人民币1.04元,比上年同期减少10.34%。本报告期利润总额比上年同期减少3.76%,若扣除下述不可比因素,本报告期利润总额比上年同期增长6.91%:(1)本报告期公司汇兑损失人民币42246.77万元,上年同期汇兑收益人民币13576.40万元,使本报告期公司利润总额比上年同期减少人民币55823.17万元;(2)上年同期福耀玻璃伊利诺伊有限公司违反独家经销协议赔偿3929万美元,折合人民币27187.36万元;(3)本报告期福耀玻璃美国有限公司受疫情影响产生合并利润总额为892.11万美元(福耀玻璃美国有限公司100%控股福耀玻璃伊利诺伊有限公司及福耀玻璃美国C资产公司,该数据为其合并财务报表的数据),上年同期合并利润总额为1850.52万美元(该数据为剔除福耀玻璃伊利诺伊有限公司违反独家经销协议支付赔偿3929万美元后的数据),疫情影响使本报告期公司利润总额比上年同期减少人民币6782.83万元。[1]

---

[1] 福耀玻璃工业集团股份有限公司2020年年度报告.

《福耀玻璃工业集团股份有限公司2021年年度报告》数据显示，福耀公司汽车玻璃销售收入比2020年同期增加人民币343759.00万元，同比上升19.16%，福耀公司汽车玻璃销售成本比上年同期增加人民币266214.58万元，同比上升21.89%，其成本分析见图13-1。

图13-1 福耀玻璃2021年成本分析表

单位：元　币种：人民币

分产品	成本构成项目	本期金额	本期占总成本比例（%）	上年同期金额（调整后）	上年同期占总成本比例（%）	本期金额较上年同期变动比例（%）
汽车玻璃	原辅材料	9296831699	62.71	7532721060	61.93	23.42
汽车玻璃	能源成本	871257657	5.88	754033583	6.20	15.55
汽车玻璃	人工成本	2152683621	14.52	1813962465	14.91	18.67
汽车玻璃	其他费用	2503697823	16.89	2061607884	16.96	21.44
浮法玻璃	原辅材料	867262970	33.73	678095772	29.53	27.9
浮法玻璃	能源成本	809482215	31.48	758708746	33.04	6.69
浮法玻璃	人工成本	216819732	8.43	195940868	8.53	10.66
浮法玻璃	其他费用	677505763	26.36	663824791	28.90	2.06

注：其他费用包括制造费用与运输成本。

从图13-1不难看出，福耀玻璃高成长性的背后是成本控制的有力支撑：一方面，通过整合上下游产业链控制生产成本；另一方面，提高经营管理效率控制三大费用。成本控制是福耀玻璃最强的竞争力，形成稳固的护城河。[1]对此，曹德旺将其归结为如下三个方面：质量提高，成本控制，技术创新。在全球汽车玻璃行业，龙头企业通过浮法玻璃自供，降低生产成本，规模经济下形成汽玻行业寡头格局。根据智研咨询的数据显示，2020年，

---

[1] 李恒光，史久杰.福耀玻璃研究报告：全球市占率逆市提升，高附加值汽玻加速兑现[R]东北证券.

全球汽车玻璃前五大供应商分别为福耀玻璃（28%）、旭硝子（26%）、板硝子（17%）、圣戈班（15%）、信义玻璃（8%），中国福耀玻璃成为全球汽玻行业龙头[①]。

在成本控制方面，曹德旺拥有自己的一套流程。第一，精细化管理和反浪费运动。在2010年的一次内部讲话中，曹德旺是这样介绍精细化管理和反浪费运动的。

据悉，今年（2010年）上半年，福耀玻璃股份交出了一份不错的成绩单，公司收入同比增长了52.7%，净利润同比增长296.1%。这个结果其实早在我意料之中。如果不是过去几年我们做了很多事情，并且在今天起到了积极作用，那么，今天的福耀玻璃很可能就没有利润。

我们过去做了什么呢？大家可能注意到财报中的一些数据，比如，上半年的期间费用率下降了4%，降至16.2%；管理费用下降了2%，降至6.6%；财务费用下降了2%；库存周转缩短23天，应收账款周转天数加快5.6天。

可以看到，我们各项管理成本都在下降。管理是个系统工程，制造企业管理更难做，牵扯到方方面面，销售成本、人力成本、管理成本、财务成本，等等，有些可控，有些不可控，比如通货膨胀、劳动力短缺、住宿成本增加，等等，都会导致人力成本增加。

今天，福耀玻璃的内部管理水平和绩效不断提升，得益于从2007年开始精细化管理和反浪费运动。2006年，我注意到人民币开始升值、出口退税的税率在调整，牵扯到了2880个税号，这些政策出台后会影响到出口企业20%的收益，当时我们的利润也就20%左右，如果不能很好解决这个问题，我们可能就要破产，必须要自救。

于是，2008年福耀玻璃关闭了大量工厂，当时我认为国家会对房地产加大力度调控，我就关闭了做房地产材料的玻璃厂，还关了4条浮法线，产

[①] 智研咨询.2021年全球汽车玻璃市场竞争格局及龙头企业分析：福耀玻璃占全球汽车玻璃市场的28%［EB/OL］.

值接近20亿（元）。随后，我们提高厂房利用率，增加设备，提高产能，降低折旧费。在我们制造成本中，设备使用成本2006年占销售比例8%—9%，现在占销售比例只有3%，下降了五个点，等于节省了几个亿，综合成本下降了20%，我觉得，这点我们做得非常好。

经过准确测算，我们还认为节能降耗有文章可做。

大家看到了，我们的库存周转下降了23天。其实福耀玻璃的成品库已经关掉了，我们现在仓库就是在货运公司的集装箱。今年（2010年）因为供应材料比较紧张，库存今后没有太大空间了，还牵扯到储备资金的运用，储备就跟储蓄罐一样，合理的储备测算是你每天的用量乘以采购供应的间隔天数。每天车间从仓库里取货，采购再补进来，要预防它出问题，没有缓冲就会出问题，降得太低了不行，有的时候不能让它降，我们确定计划管理的时候，会专门来审查储备问题。

在福耀玻璃这么大的企业，推动新的管理模式不是一天两天就能见效，真正见效是从2009年下半年开始。通过两年半的变革，我们开始受益了。今年（2010年）年初，我又提出希望再用5年时间，在去年的基础上，综合成本再降20%。这个目标非常艰巨，不那么容易实现，但我们正在努力当中。

第二，福耀玻璃与合作者合作时，尽可能让自己与合作者都赚到钱。福耀玻璃的一个日本原材料供应商就深有感触。其中国区负责人张俊介绍说："曹德旺做生意有两个特点：一个是'抠门'，另一个是'抠门'的升级版。关于产品的价格问题，每一年跟福耀玻璃集团都有一个针锋相对的谈判。平均要谈六七次，一帮人从日本飞过来，我从上海飞过去，就在他福耀总部谈，谈到小数点后面第二位，曹总才说就这样，蛮好。这还是因为我们常用的钱只有分，没有厘。"

当然，日本企业在原材料价格上不降价，必然增加福耀玻璃的产品成本。曹德旺说："我们也面临着汽车厂给我们的压力，汽车厂降我的价是没有商量的。我跟日本人讲，我是汽车厂派下来的推销员，它做上游，我做下游，你拿那么多，那我赚什么？"

赚不到钱的买卖，曹德旺自然是不会做的。某年，曹德旺要求上游供应商降低15%的采购价格，日本企业不答应。

既然日本企业拒绝接受，曹德旺就让日本企业帮助福耀玻璃提升生产流程的效率来降低产品成本。曹德旺提出的要求倒是蛮合理的，究其原因，日本企业自身拥有较强的流程管理竞争优势能力，而且经过多年的改善，已经形成完善的流程制度。后来，日本企业派出最专业的工作人员帮助福耀玻璃完善生产流程，控制成本。没多久，福耀玻璃的产品成本下降了20%左右。

在降低产品成本这块，曹德旺一方面向供应商学习，另一方面也向丰田、大众、福特、通用、奥迪等客户学习。

预算产品成本

在成本控制方面,福耀玻璃之所以能控制产品成本,是因为它拥有一套完善的成本预算制度。当产品成本预算出来后,福耀玻璃就通过统计、分析、评估、纠正等流程严格执行产品成本的预算。

对此,曹德旺说道:"我们每一个产品都有非常严格的预算,再将实际情况与预算比较,分析为什么能够降下来?降下来会有什么办法?整个集团几万员工会共享这些信息。我们有一个福耀玻璃管理论坛,鼓励员工提出解决办法。"

毫无疑问,福耀玻璃强调产品成本预算,与曹德旺的财务知识储备紧密相关。在福耀玻璃国际化早期,曹德旺把玻璃销售给美国的中间商,其销售价格是30美元。当中间商转手销售时,其价格是60多美元。让曹德旺没有想到的是,玻璃销售给消费者,其价格却要高达200美元,几乎是出货价的6倍。

得知详情的曹德旺,决定在美国修建工厂,自产自销。然而,初始的结果却没有按照曹德旺的预期发展。数据显示,1996年—1998年,福耀玻璃在美国市场亏损了1000万美元。

面对亏损,曹德旺聘请美国咨询公司进行深入调研。经过调研发现,福耀玻璃亏损的关键原因是跨行业经营。在美国市场,玻璃生产归属制造业,而批发、零售等流通渠道归属服务业。加上玻璃批发市场被美国四个企业垄断,其规模都在几十亿美元。反观福耀玻璃,仅仅只有几千万美元,其亏损就不难理解。

随后,曹德旺进行了有针对性的战略调整——产销分离、专心制造。与此同时,曹德旺尽可能地减少中间销售环节,把分销变成直销,甚至跳过一级批发商后直接进入经销商。战略的调整,其效果是明显的。1999年,福耀玻璃在美国盈利近1000万美元。

据福耀玻璃美国工厂投产后发布的2016年三季度财报数据显示，在2016年前九个月中，福耀玻璃母公司支付给"职工以及为职工支付的现金"大涨38.93%，增加584690024元至2086554640元人民币，占总成本的23.15%。福耀玻璃对此的解释是，由于美国工厂进入投产阶段，所以导致薪酬支出大幅度增加。①

对员工成本问题，原浙江省省长、全国人大财政经济委员会副主任委员吕祖善总结道："有一段时间，媒体把企业的成本增加归结于工人工资增长过快，这种说法是不完整的。企业成本大幅度上升的原因是多方面的……不光是税，再加上费，这样的综合税负是很高的，此外还有能源的成本，综合成本过高。把这些成本降下来，必须依靠政府的行为。"

正是在曹德旺的成本控制下，福耀玻璃的毛利率才能保持在40%左右。

---

① 吴绵强.福耀集团税后利润30几亿元　资产增加美国贡献最大［N］.时代周报.

第14章

全球布局

第14章 全球布局

随着改革开放的蓬勃发展，全球跨国公司纷纷进入中国市场，中国已经成为名副其实的全球化市场的一部分。对于中国企业来说，拓展国际化市场是一道不得不迈过的门槛。

此刻的曹德旺，也觉察到市场的变化，要想生存和发展下去，福耀玻璃国际化就必须顺势而为。然而，在这条路上，曹德旺却遭遇诸多意想不到的困难和挫折。

2000年，正当诸多中国企业正在为中国加入WTO分享世界市场而倍感兴奋时，以福耀玻璃为首的中国玻璃企业却遭遇反倾销调查。

面对海外对手通过不正当竞争手段打压中国玻璃企业，曹德旺号召福耀玻璃同事毅然地应诉，积极追求商业公平，最终打赢了中国入世后的首例反倾销官司，为中国企业拓展国际市场提供了一个可以参考的范本。

随后，福耀玻璃先后与奥迪、宝马、奔驰、通用、大众、丰田、本田等汽车品牌展开深度合作，提供同步设计及OEM产品。2010年以后，随着国家"走出去"战略的实施及全球化发展的需要，福耀玻璃先后在俄罗斯、美国、德国布局生产基地，通过制造、服务、销售全方位"全球化"，更深地进入世界市场的大潮中去。[①]

[①] 徐志南，俞凤琼，俞镜淇.福耀集团：中国玻璃的全球化之路［N］.中华工商时报.

投资卡卢加州

在中国企业的国际化进程中，俄罗斯市场被广为看好，不管是华为，还是吉利汽车，抑或福耀玻璃，概莫能外。

2011年6月，福耀玻璃在拓展俄罗斯市场迈上更高的阶段。福耀玻璃将在位于俄罗斯的卡卢加州修建一个年产300万套汽车玻璃生产厂，这也是福耀玻璃走向海外的第一个生产性企业，九成为俄罗斯本土员工。

按照就近建厂原则，福耀玻璃把俄罗斯作为国际化市场拓展的一个重要目标市场。2011年，应德国大众汽车的要求，福耀玻璃在俄罗斯卡卢加州创建工厂，投资2亿美元。

对于福耀玻璃来讲，其战略意义十分重大：第一，该工厂是福耀玻璃海外投入的首个生产性企业。第二，与奥迪、宝马、奔驰、通用、大众、丰田、本田等汽车品牌的共生依赖程度更强。第三，在俄罗斯创建的生产基地，可以成为福耀玻璃产品出口欧洲市场的"桥头堡"。

时任俄罗斯总理的梅德韦杰夫在俄罗斯工厂的竣工庆典仪式上发贺信称："福耀玻璃集团在俄投资项目的建成，不仅对卡卢加州的经济发展，而且对俄罗斯全国的汽车生产企业来说都具有重要意义。"[1]

对福耀玻璃俄罗斯工厂而言，曹德旺说："我们从俄罗斯起步，后来拓展到美国、欧洲设立工厂，福耀玻璃将成为全球最大的汽车玻璃生产企业。"

从金砖国家市场开始拓展，做大做强后再逐步拓展到发达国家市场，这已成为一些福建企业的选择。2011年6月17日，俄罗斯《新闻报》报道称，卡卢加州经济发展部部长鲁斯兰·扎利瓦茨基和玻璃厂总经理助理亚历山大·姚表示，"福耀玻璃集团已经同卡卢加州签署了建设工厂的协议。中方

---

[1] 徐志南，俞凤琼，俞镜淇.福耀集团：中国玻璃的全球化之路［N］.中华工商时报.

将向该项目投入资金2亿美元,该州将为项目的工程建设和其他基础设施提供保障。工厂一期项目计划在2012年12月1日前投产,到2013年2月完全达到300万套的设计生产能力。"

曹德旺之所以投资卡卢加州,原因如下:

第一,产业集群效应。卡卢加州已经形成了一个规模化的汽车工业中心,产生了聚集效应,中国一家国有汽车零部件企业也在格拉布采沃工业园区建立了工厂。卡卢加州之所以产生产业集群效应,是因为:

(1)卡卢加州拥有较为传统的工业城市,最大的科学城奥布宁斯克就承担苏联时期的军工使命,为该州的转型打下坚实的基础。

(2)卡卢加州执政者的开放思维。卡卢加州州长阿纳托利·阿尔塔莫诺夫担任州长时间超过15年,在任期间非常重视招商引资,口碑甚好,甚至还推动了格拉布采沃工业园的建设。大众、标志和沃尔沃等汽车都聚集在格拉布采沃工业园区里。福耀玻璃修建工厂都是按照就近原则,工厂也紧邻大众,其生产线可以直接进入大众的物料仓库。

亚历山大·姚在接受《新闻报》采访时说道:"福耀玻璃计划将在俄罗斯生产的产品销售给伏尔加汽车制造公司、大众公司和其他汽车生产商。中国公司已经向俄罗斯企业提供此类产品。伏尔加汽车制造公司每年向福耀玻璃购买超过12万套汽车安全玻璃,现代汽车位于圣彼得堡的工厂每年的采购量超过8万套。福耀玻璃在俄罗斯的主要竞争对手是日本三菱公司,三菱在下诺夫哥罗德建有玻璃工厂Asahi Glass Co。根据该公司的数据,俄罗斯汽车生产商采购的汽车玻璃中有70%来自该公司。"

相比卡卢加州,同样作为苏联时期军事工业中心的图拉州,虽然拥有雄厚的工业基础、人口优势,却没有形成集聚效应。

(3)拥有成熟的汽车人才。为了满足园区的人才需求,卡卢加州专门由政府出资建立了一家汽车技术工人培训中心,培训本地人员成为合格的技术人才。

第二,较低的税收成本。卡卢加州之所以成为投资洼地,一个重要的原因就是，较低的税收成本。作为投资方，在投资建厂的过程中，其产生的税费基本予以全额退税，并且在后来的生产过程中予以相当优惠的税率。一般地，俄罗斯的平均税率在12.5%左右。为了吸引更多的汽车产业厂商进驻，卡卢加州却承诺在若干年内坚持税收减免政策，使得税率下降至0到3%。

第三，物流成本较低。在给大众汽车供货的过程中，倘若从福清发货，通过海上运输到圣彼得堡，再通过陆地运输，需要45天左右才能把汽车玻璃运送到卡卢加州。即使从福耀玻璃东北工厂（通辽和双辽）发出，经满洲里铁路运输到莫斯科和卡卢加州，也需要30天的时间。一旦在卡卢加州建厂，就会降低运输成本和损耗成本。

第四，福耀玻璃的全球化市场布局。福耀玻璃在自己的边界扩张中，始终坚持把工厂建在客户门口的原则。除了福清总部外，其余全部设在中国汽车工业重镇或者附近。福清本身则是一个出海口。

德国海尔布隆竣工投产

2018年底，福耀欧洲公司新厂在德国海尔布隆竣工投产。在中国企业的国际化进程中，欧洲市场深深吸引着中国企业。福耀玻璃之所以在德国建厂，一是符合福耀玻璃的国际化重要战略布局；二是按照就近原则，零距离为宝马、奥迪、大众等欧洲传统汽车品牌提供玻璃增值服务；三是对接德国先进制造技术与装备工艺，持续引领汽车玻璃行业；四是作为欧洲腹地的根据地，可以源源不断地满足德、英、意、瑞等国家汽车厂的玻璃需求。[①]

为了推进全球化战略，福耀玻璃展开了自己的并购行动。2019年，福耀玻璃并购德国汽车零部件公司SAM资产。2019年2月28日，"福耀玻璃工业集团股份有限公司关于公司之全资子公司购买资产的进展公告"发布，福耀玻璃公司全资子公司福耀玻璃欧洲玻璃工业有限公司（以下简称"福耀欧洲"）已与SAM automotive production GmbH（以下简称"SAM"）的破产管理人Dr Holger Leichtle签订协议（以下简称"原协议"），约定由福耀欧洲购买SAM的资产，包括设备、材料、产成品、在产品、工装器具等。

与此同时，该资产购买事宜已获得德国政府反垄断批准，并已完成资产交割。上述事宜的进展情况如下：（1）原协议的购买方变更为公司新设立的福耀欧洲全资子公司FYSAM Auto Decorative GmbH（以下简称"FYSAM"），其他条款与原协议一致。（2）交易标的为SAM的资产，包括设备、材料、产成品、在产品、工装器具等。（3）本次交易标的不存在抵押、质押及其他任何限制转让的情况，不涉及诉讼、仲裁事项或查封、冻结等司法强制措施以及其他妨碍权属转移的情况。截至本公告日，交易双方已完成资产交割。

---

① 徐志南，俞凤琼，俞镜淇.福耀集团：中国玻璃的全球化之路 [N].中华工商时报.

（4）经交易双方协商，确定交易价格为58827566.19欧元。

本次公司的全资子公司FYSAM购买SAM资产，符合公司发展规划的需要，有利于公司更好地向汽车厂商提供集成化产品，提升产品附加值，同时进一步扩大公司汽车饰件规模，拓展汽车部件领域，更好地为汽车厂商提供优质产品和服务，增强与汽车厂商的合作黏性，提高公司的综合竞争力。

纵观福耀玻璃的全球化战略，福耀玻璃已经在美国、俄罗斯、德国、日本、韩国等9个国家和地区建设产销基地，成为名副其实的大型跨国工业集团，汽车玻璃全球市场占有率超过25%。对此，在接受《中华工商时报》采访时，曹德旺坦言："全球化是所有企业的终极目标。企业不断壮大以后，必须国际化，才能实现它的价值，才是一个伟大的事业。"

在改革开放的发展进程中，中国民营经济实现了从无到有、从弱到强的快速发展。中国本土市场已经满足不了一部分企业家的战略边界，拓展国际化市场已经成为中国企业家的共识。据《第一财经日报》报道，从投资规模看，2003—2011年间，中国对德国的年度直接投资量从2500万美元增加至5.12亿美元，增长二十多倍，2012年的投资量更是较2011年增长22%。截至2014年6月的不完全统计数，中国对德累计投资额已近40亿美元，最近3年的年均投资项目超过100项。而在德中资企业数更是达到2000家，并且总计创造约12000个工作岗位。[1]

从这组数据可以看到，中国企业在全球化市场的拓展中，欧洲市场的拓展已经进入如火如荼的阶段。根据德国中国商会发布的《2014中资企业在德商业环境调查》数据显示，中资企业选择投资德国的最主要原因是基于德国本身雄厚的经济实力以及所属行业的世界领先地位，例如机械、汽车、金融、通讯、能源、贸易等德国优势行业是吸引中国投资最多的行业。[2]

---

[1] 王来.中资走进德国布局欧洲市场[N].第一财经日报.
[2] 王来.中资走进德国布局欧洲市场[N].第一财经日报.

2007年8月9日，美国次贷危机开始浮现，由此演化为一场全球性的2008年金融危机。

美国纽约大学理工学院（The Polytechnic Institute of New York University）风险工程教授纳西姆·塔勒布（Nassim Taleb）就曾强烈警告银行的危机处理方法。纳西姆·塔勒布说道："全球一体化创造出脆弱和紧扣的经济，表面上出现不反覆的情况及呈现十分稳定的景象。换言之，它使灾难性的黑天鹅理论（意指不可能的事情）出现，而我们却从未在全球崩溃的威胁下生活过。金融机构不断进行整并而成为少数几间的超大型银行，几乎所有的银行都是互相连结的。因此整个金融体系膨胀成一个由这些巨大、相互依存、叠屋架床的银行所组成的生态，一旦其中一个倒下，全部都会垮掉。银行间越趋剧烈的整并似乎有降低金融危机的可能性，然而一旦发生了，这个危机会变成全球规模性，并且伤害我们至深。过去的多样化生态是由众多小型银行组成，分别拥有各自的借贷政策，而所有的金融机构互相摹仿彼此的政策使得整个环境同质性越来越高。确实，失败概率降低了，但一旦失败发生……结果令我不敢想象。"

对于成立于1938年，由政府出资的房屋贷款机构的房利美（Federal National Mortgage Association），纳西姆·塔勒布认为："当我看着这场危机，就好比一个人坐在一桶炸药之上，一个最小的打嗝也要去避免。不过不用害怕：他们（房利美）的大批科学家都认为这事'非常不可能'发生。"[1]

纳西姆·塔勒布提到的房利美是最大的"美国政府赞助企业"，主要从事金融业务，用以扩大资金在二级房屋消费市场上流动的资金的专门机构。2008年9月，次贷危机发生后，由美国联邦住房金融局接管，同时也从纽约证交所退市。其后，蔓延的金融危机给世界经济的发展蒙上阴影。

为了应对金融危机的影响，福耀玻璃开展了各种自救变革和市场扩张。

---

[1] ［美］纳西姆·尼古拉斯·塔勒布.黑天鹅：如何应对不可预知的未来管理［M］.北京：中信出版社，2018：P33-35。

根据"福耀玻璃工业集团股份有限公司2008年年度报告"数据显示，在中国本土市场和北美市场，福耀玻璃的业绩依旧正增长。欧洲市场的德国，福耀玻璃也获得合作伙伴的高度认可。2009年6月18日晚，作为大众集团总部的德国北部城市沃尔夫斯堡热闹非凡。究其原因，一年一度的表彰全世界优秀供应商的"Group Award 2009"颁奖典礼正在有序地举行，福耀玻璃创始人曹德旺之子、时任集团总裁曹晖代表福耀玻璃领奖。当曹晖捧起"2009年度最佳供应商"奖杯时，福耀玻璃已当之无愧地成为大众集团的顶级汽车供应商。在此之前，福耀玻璃在2007年度和2008年度获得通用集团最佳供应商奖。

大众集团管理董事及采购总监加西亚·桑兹（F. J. Garcia Sanz）为曹晖总裁颁奖。在授奖证书中，大众集团这样写道："通过与大众集团长期稳定可持续的合作伙伴关系，我们看到了福耀玻璃特有的企业业绩。福耀玻璃拥有的浮法玻璃生产线保证了你们同国外主要玻璃制造企业的独立，由此体现的竞争力和灵活性对我们特别有吸引力；通过2007年10月，在海尔布隆设立及时交付中心，福耀玻璃能够优化物流过程并保证产品质量；在同一时间，能平稳运行多个车型的前挡和后挡风玻璃的生产，这更突出了福耀玻璃的成就。我们期待与福耀玻璃一起面对欧洲市场的挑战。"

福耀玻璃与大众的合作，可以追溯到1994年和1996年，福耀玻璃曾经为一汽大众的捷达和上海大众的桑塔纳2000提供汽车玻璃。从那以后，福耀玻璃与大众集团就开始了良性的合作。2005年，福耀玻璃与德国奥迪签约，成为其全球配套供应商。

2005年6月1日，福耀玻璃与德国奥迪集团共同举行了汽车玻璃配套项目签约仪式，福耀玻璃集团成为中国唯一一家为奥迪集团提供全球汽车玻璃配套的供应商。据曹德旺介绍，福耀玻璃集团将在2005年的第50周实现在欧洲的出口项目，为奥迪集团提供大约5万辆汽车价值数千万美元的挡风玻璃产品。随着福耀玻璃今后参与投标奥迪更多车型的配套供应，这一数字还会不断增长。①

曹德旺说道："福耀玻璃集团是中国第一家为奥迪A6提供挡风玻璃的出口企业。奥迪汽车玻璃被全球同行业公认为世界上最难做的一片汽车玻璃。此次签约表明，福耀玻璃终于为中国汽车玻璃制造业打出了一个国际品牌，意味着中国汽车玻璃制造产业的三大突破：拥有自主知识产权；打破国际汽车界通过设计为中国玻璃行业制定的技术壁垒；为中国企业走出去拓展了一条新路。福耀玻璃为这一天整整等了18个年头。"

凭借优质产品和有竞争力的价格，福耀玻璃成为奥迪在中国以及全球的汽车玻璃定点配套商之一。奥迪集团采购副总裁卡尔海因茨·哈勒（Karlheinz Hell）说道："去年（2004年）奥迪集团汽车生产量约为80万辆，目前奥迪每年花费大约一亿欧元用于采购汽车玻璃，随着今后几年内奥迪汽车产量增长到一百万辆的发展速度，这一开销也会增长30%—40%。"

数据显示，2005年，福耀玻璃集团已经占据超过50%的中国本土OEM市场份额，年出口创汇超过7000万美元，并占据中国本土汽车玻璃出口60%以上的市场份额。②其后，曹德旺布局全球市场，福耀玻璃在国际市场的拓展取得长足发展。2015年3月11日，中金公司研究部发布"福耀玻璃：中国汽车玻璃龙头，走向国际化的典范"报告显示，福耀玻璃占据中国本土汽车玻璃超过60%的市场份额。

经过三十余年的发展，福耀集团已在中国16个省市以及美国、俄罗斯、德国、日本、韩国等11个国家和地区建立现代化生产基地和商务机构，并在中美德设立6个设计中心，全球员工约2.7万人。福耀产品得到全球知名汽车制造企业及主要汽车厂商的认证和选用，包括宾利、奔驰、宝马、奥迪、通用、丰田、大众、福特、克莱斯勒等，为其提供全球OEM配套服务和汽车玻璃全套解决方案，并被各大汽车制造企业评为"全球优秀供应商"。

---

① 胡美东，李大鹏.福耀集团成为德国奥迪全球汽车玻璃配套供应商[N].中国日报.
② 胡美东，李大鹏.福耀集团成为德国奥迪全球汽车玻璃配套供应商[N].中国日报.

第15章

不拘一格降人才

第15章 不拘一格降人才

2017年3月16日下午，在上海和香港两地上市的福耀玻璃按照公示制度发布了一份总经理辞职公告，左敏因家庭和身体原因辞去总经理一职。

此则消息犹如一枚重磅炸弹，再次引爆曹德旺的接班人话题。按照媒体和研究人员的普遍判断，作为曹德旺长子的曹晖接任总经理一职毫无悬念。然而，2017年3月26日，福耀玻璃公告称，接任福耀玻璃总经理职务的并不是曹晖，而是曹德旺的女婿叶舒。

有研究者认为，叶舒出任总经理这样的接班安排，是福耀玻璃迈出长子接班的第一步，后续将进行更多的职业经理人的部署和安排。

当然，这样的观点有其合理性。事实证明，叶舒作为曹德旺的女婿，也是曹氏家族的一员，自然是曹德旺接班计划的一部分，也就是说，不管是曹家长子曹晖，还是叶舒，都是曹德旺的目标接班人选。据《海峡都市报》披露，曹德旺一共有三个子女，长子曹晖，女儿曹艳萍，次子曹代腾。

至于曹德旺之前多次在公开场合强调曹晖接班问题，2017年3月28日，福耀玻璃有关人士在接受《每日经济新闻》记者李婷、吴凡的采访时说："曹晖什么时候回来接班现在不好推测，但任命叶舒确实是因为其满足公司总经理的条件。"

兼顾唯贤与唯亲

在中国家族企业的接班序列中,通常考虑嫡长子继承制度,这与我们的文化传统有关。随着社会的发展以及独生子女越来越多,中国家族企业的接班传统被打破:第一,没有相关的竞争者;第二,没有长子,只有长女;第三,接受较高的文化教育;第四,多元化的文化观念深刻影响接班人的接班思维。曹德旺的女婿叶舒在福耀玻璃工作多年,其业绩表现也较好,叶舒出任总经理,既解决了职业经理人的不放心,同时也把福耀玻璃牢牢掌握在自己手中。在接受媒体采访时,曹德旺直言:"这没什么不能说的……福耀玻璃这个企业,如果没有曹家人在里面,是没有灵魂的。"

究其原因,曹德旺补充道:"曹家人做事是非常负责任的。"与此同时,曹德旺对叶舒的评价较高,在接受媒体采访时,曹德旺毫不讳言地说道:"叶舒人品厚道,长得也很帅,又是厦大毕业的。在公司待了这么多年,大家对他评价很不错。"

对于叶舒,福耀玻璃是这样介绍的:"叶舒先生,自2019年10月至今任本公司执行董事,自2017年3月至今任本公司总经理。2003年7月加入本公司,曾经在本公司担任多个职务,2017年2月至2017年3月任本公司副总经理,2009年6月至2017年2月任本公司供应管理部供应管理总监,2009年3月至2009年6月任本公司采购部副总经理,2008年5月至2008年11月任福耀玻璃海南浮法玻璃有限公司总经理,2003年7月至2008年5月在配套部、筹建组等部门从事工作,先后担任本公司及子公司的副经理、副总经理等职务。叶舒先生2008年11月至2009年3月期间调离本公司,任福建省耀华工业村开发有限公司总经理。1995年7月毕业于厦门大学国际贸易专业,获得学士学位;1999年7月毕业于厦门大学经济学专业,获得经济学硕士学位。"

至于曹艳萍的相关信息,官网鲜有介绍。媒体的相关报道显示,2003

年前，曹德旺之女曹艳萍与叶舒结婚。

关于这段婚姻，曹德旺开始时是反对的。在接受媒体采访时，曹德旺直言："我的女儿刚结婚，我怕人家是因为她有我这个爸爸而娶她，所以不同意。"

曹德旺曾对爱女曹艳萍说："他是厦门大学毕业的，人又很帅，父亲还是一个领导，人家这么好的条件为什么娶你？你又不是本科毕业。"

当然，曹德旺的反对并未真正阻止这对有情人成为眷属。曹德旺补充道："他们夫妻为了证明我这句话是错的，两个人在澳大利亚自食其力，边打工边开店。"

对于女儿曹艳萍，曹德旺说："按照我们这边的习俗，女儿是嫁出去的，是男人当家，但我的财产没有因为她是女儿而不给她，有她一份。"

叶舒接任总经理后，有观点猜测，可能会掌管福耀玻璃。但曹德旺向媒体表示，女婿叶舒此次接任总经理之位，是曹氏家族接班计划中的一个环节，不过他同时强调："我不会提拔不合适的人，如果不是他本身的能力可以满足条件，那他是不能上的。"[1]

谈到此次出于何种考虑提拔女婿担任要职，曹德旺明确表示，首先是叶舒的综合能力过关，"我又没有那么傻瓜（提拔不合适的人）"。

根据《每日经济新闻》的披露，福耀玻璃公司选择叶舒确实是公司经过综合考虑的，"他之前在海南公司做过事业部总经理，包括回到集团之后，在采购部、运营部都有做过，也担任过总监、副总裁，在各个部门和岗位上都得到了锻炼。"[2]

在官网上，我们查阅到了"福耀玻璃工业集团股份有限公司独立董事关于聘任公司总经理的独立意见"，详情如下。

---

[1] 李婷，吴凡.女婿接任福耀玻璃总经理　曹德旺心中接班人却忙着创业[N].每日经济新闻.
[2] 李婷，吴凡.女婿接任福耀玻璃总经理　曹德旺心中接班人却忙着创业[N].每日经济新闻.

福耀玻璃工业集团股份有限公司独立董事
关于聘任公司总经理的独立意见

本人作为福耀玻璃工业集团股份有限公司（以下简称"公司"）第八届董事局的独立董事，根据《中华人民共和国公司法》（以下简称"《公司法》"）、《关于在上市公司建立独立董事制度的指导意见》《上市公司治理准则》《公司章程》《公司独立董事制度》等有关规定，认真审阅了相关材料，基于独立判断立场，本人就公司第八届董事局第十三次会议聘任叶舒先生为公司总经理之事发表如下独立意见：

根据公司提供的叶舒先生的个人履历、工作业绩等相关材料，本人认为：公司第八届董事局第十三次会议聘任的总经理叶舒先生具有多年的企业管理和相关工作经历，接受的专业教育及学识符合公司治理和经营发展的需要，可以胜任所聘任工作。未发现其有《公司法》第一百四十六条规定的禁止担任公司高级管理人员职务的情形以及被中国证券监督管理委员会处以证券市场禁入处罚且期限未满的情形，叶舒先生具备我国有关法律、法规以及《公司章程》规定的公司高级管理人员的任职资格。

综上所述，本人同意公司董事局聘任叶舒先生为公司总经理，同时免去其担任的公司副总经理之职务。

独立董事签名：

LIUXIAOZHI（刘小稚） 吴育辉 程雁

二〇一七年三月二十五日

在叶舒接任总经理职位的第二年（2018年），福耀玻璃的业绩积极攀升。福耀玻璃是全球规模最大的汽车玻璃供应商，主要产品包括汽车线浮法玻璃、汽车玻璃等。[①]见图15-1。

[①] 张艺.136亿分红之后，福耀玻璃的选择.界面新闻.

图15-1 2016、2017、2018年板块收入

单位：元 币种：人民币

业务	2018年 收入	占比（%）	2017年 收入	占比（%）	2016年 收入	占比（%）
汽车玻璃	19351888769	97.32	17868123103	98.23	16145325933	99.11
浮法玻璃	3220524367	16.20	2899053827	15.94	2729025698	16.75
其他	232315572	1.17	95819302	0.53	73550610	0.45
减：集团内部抵消	−2920889734	−14.69	−2672082247	−14.69	−2657335337	−16.31
合计	19883838974	100.00	18190913985	100.00	16290566904	100.00

年报显示，尽管行业形势严峻，但福耀玻璃依然逆势增长。根据《福耀玻璃工业集团股份有限公司2018年年度报告》数据显示："截至2018年12月31日，公司总资产人民币344.90亿元，比年初上升8.79%，总负债人民币143.01亿元，比年初上升12.61%，资产负债率41.46%，归属于母公司所有者权益人民币201.91亿元，比年初增长6.26%。本报告期内公司实现营业收入人民币2022498.57万元，比去年同期增长8.08%；实现归属于上市公司股东的净利润人民币412048.74万元，比去年同期增长30.86%；实现归属于上市公司股东的扣除非经常性损益的净利润人民币346788.79万元，比去年同期上升14.44%；实现基本每股收益人民币1.64元，比去年同期增长30.16%。"见图15-2。

图15-2 2016、2017、2018年主要会计数据

单位：元 币种：人民币

主要会计数据	2018年	2017年 调整后	2017年 调整前	本期比上年同期增减（%）	2016年
营业收入	20224985720	18713034974	18715608755	8.08	16621336273
归属于上市公司股东的净利润	4120487402	3148748043	3148748043	30.86	3144227339

续表

主要会计数据	2018年	2017年 调整后	2017年 调整前	本期比上年同期增减（%）	2016年
归属于上市公司股东的扣除非经常性损益的净利润	3467787870	3030258585	3030258585	14.44	3069187169
经营活动产生的现金流量净额	5807861303	4924161761	4796512051	17.95	3636974860
	2018年末	2017年末 调整后	2017年末 调整前	本期末比上年同期末增减（%）	2016年末
归属于上市公司股东的净资产	20190906192	19000835533	19000835533	6.26	18033617524
总资产	34490438670	31704009489	31704009489	8.79	29865845423

空降职业经理人

中外家族企业创始人在打造百年老店的过程中,一个无法忽视的阻力就是传承。这个被称为"富不过三代"的魔咒,堪称世界级难题,犹如达摩克利斯之剑一样悬在家族企业创始人头顶,其压力难以想象。

我们通过梳理发现,对于家族企业创始人来讲,不是创始人不想退,实在是接班人接不起。创始人的"精神领袖"替代问题,新的接班人何以服众?怎样让大家看到未来图景,以保持企业的持续创新等都是复杂棘手的问题。更何况,对于究竟该交班给儿女,还是交给职业经理人,人们争论不停。难道福耀玻璃就能轻而易举地解决这个难题?[①]

客观地讲,曹德旺也遭遇了上述诸多问题。为了尽可能地社会化,作为国内汽车玻璃行业的首家上市公司,福耀玻璃也曾极力淡化家族企业色彩。与此同时,在成为公众公司的同时,曹德旺还在2003年和2005年曾两度求贤,让贤者担任福耀玻璃总经理。

曹德旺聘请日本人丰桥重男担任总经理,随后是中国女强人、德国电机及化学双博士刘小稚。据了解,丰桥重男在担任福耀玻璃总经理之前,曾担任日本积水化学公司高性能塑料国际部部长,曹德旺对其管理才能十分认可,他还是曹德旺相交多年的好友。

与丰桥重男不同的是,刘小稚在担任福耀玻璃总经理之前,曾任通用中国公司先进技术管理部总监,而且还是享受政府特殊津贴的专家。

曹德旺吸纳具有国际化视野的人才:第一,期望福耀玻璃能够积极地拓展全球化市场;第二,组建国际化管理团队,引入精细管理方法,有利于提升福耀玻璃自身的管理优势;第三,曹德旺积极地从外部空降职业经

---

① 王缨.曹氏传承[J].中外管理,2012(02):40-58.

理人，试图改变福耀玻璃之前的管理。

然而，两位空降总经理的到来并未使福耀玻璃按照曹德旺设想的轨道运行，而是不到一年就挂冠而去，一时众说纷纭。对于当年的布局，曹德旺有自己的盘算。曹德旺介绍，刘小稚虽是女性，工作起来雷厉风行，福耀玻璃需要这样的高级作战将领，能够把决策执行到位。而丰桥重男曾经就职于福耀玻璃的供应商公司，加盟福耀玻璃时，丰桥重男就已经退休。曹德旺说："你挂名当总经理好了，就拿工资，我来给你干活。"

之所以让丰桥重男担任总经理：第一，丰桥重男能说一口流利的中国话；第二，丰桥重男拥有丰富的国际化管理经验；第三，认可丰桥重男的管理方式。但是，丰桥重男曾就职的企业在北京青年路创建了一个合资企业，缺一个擅长中国市场的管理者，社长就把他找了回去，做该公司的董事长。

对于曹德旺积极引进职业经理人的尝试，福耀玻璃工业集团股份有限公司副总经理白照华在接受《中外管理》采访时回应："不是说什么人来了就一定是能干的。在福耀玻璃做各公司总经理，第一必须懂技术；第二，福耀玻璃不像很多大公司，尤其是那些跨国公司，一个高级职位下面带着一帮人，在福耀玻璃要亲自干活；第三，老板对人的期望值往往很高，他是拿自己的工作精神、聪明头脑去对应别人，这也确实很难。你没有干出你应该干的事情，实际上就是不适用。"

对此，《21世纪经济报道》以"福耀玻璃曾经两次引进职业经理人担任总经理，但最终都因为'水土不服'而离开，你怎么看职业经理人？"为提纲采访了曹德旺。

曹德旺反思道："因为外面聘来的职业经理人，他们进来以后不熟悉企业文化。我们这么多年来总结的经验，企业职业经理人要从基层岗位培养，这样他在这个群体里就有影响力。如果'空降'职业经理人当总经理，老员工当副总经理，职业经理人什么都不懂，你说（团队）怎么服你？"

曹德旺两次聘请职业经理人"败走麦城"，一些研究者把失败的原因归为老板用人的失误。白照华不认同这样的观点。白照华直言："老板并没有充分去了解每一个经理人的想法，没有这么多机会，企业成长也给不了他这么多机会。怎么办？那来了就先用，干着看。"

白照华补充道："企业只有拿人来试，就像试产品一样。通过实践，通过'试用'，你才知道这个管理者是否'适用'。这是很正常的，什么叫人才开发？这就叫人才开发。"

在接班人问题上也是如此。在曹德旺的接班人中，曹晖被寄予厚望。"70后"曹晖曾被曹德旺安排在一线车间。在此期间，曹晖还经常代替同车间的工友三班倒，一天上班的时间常常超过10小时。后来，曹晖去中国香港上大学，并就此打理福耀玻璃的中国香港业务，乃至北美业务。但是，曹晖并没有表露接班之意。

然而，几次寄希望于职业经理人接班的愿望落空后，曹德旺再次燃起了让曹晖接班的希望。曹德旺说："曹晖一直不愿意回来，我们花了很大代价，请人说服他，并告诉他这是社会责任。"

在空降职业经理人问题上，曹德旺的老乡、新华都集团创始人陈发树同样也是积极探索者。

2007年，新华都集团创始人陈发树凭借199.3亿元的资产，入选美国《福布斯》杂志中国富豪榜16名。作为福建省的一家民营企业，这的确给予新华都集团较高的评价。

新华都集团的业务遍及旅游、连锁、矿产等领域，涵盖紫金矿业、新华都购物广场、福建新华都工程和福建武夷山旅游等数家企业。这其中，投资的紫金矿业最为耀眼。2003年12月23日，紫金矿业在香港H股成功上市，2008年4月25日，又在A股挂牌。

此时的新华都集团，吸引了职业经理人唐骏的目光。"加盟这家公司是非常偶然的机会。"唐骏在接受《商界评论》记者采访时透露，2007年12月，他与陈发树首次在上海见面，两人一见如故。之所以选择新华都，唐骏说："首先是基于我对自己职业的规划，我希望去一家多元化发展的公司；

其次，不要和老东家发生直接或间接的关系，这也就排除掉了互联网企业；还有最重要的一点，就是创始人的个性。陈发树要将新华都打造成全国乃至全球最优秀企业的精神打动了我。所以，当他问我是否愿意加盟时，我只用一分钟就做出了决定。"

2008年4月3日，盛大网络对外宣布，唐骏将不再担任盛大网络总裁一职。仅过12天，2008年4月15，新华都集团董事长陈发树在北京高调地宣布，以10亿元天价聘请"打工皇帝"唐骏担任公司总裁。

唐骏直言，自己努力提升中国职业经理人的形象。唐骏说："中国的职业经理人目前遇到的最大困难，就是难以得到老板的认同。中国的职业经理人之所以还不贵，是因为还没有树立起个人品牌。因此，中国的职业经理人要先做人，后做事，再作秀，通过一定的包装，建立自己的品牌，这样才有可能迈向顶级CEO之列。"

唐骏说："任何一个职业经理人，都不可以到一个家族企业去享受别人的财富，更多的是同甘苦，共命运。"

唐骏补充道："职业经理人能将现代化的管理体制引进中国，能与国外资本市场游刃有余地沟通，让中国企业走向世界，是中国企业与世界沟通的桥梁。早在5年前，我就得到了金钱上的满足；现在只寻求精神上的满足，那就是影响力。影响年轻人，影响职业经理人，进而对社会产生一定的影响。"

在空降职业经理人的问题上，家族企业创始人深知，中国企业的全球化需要拥有国际视野的职业经理人，而家族成员未必都能胜任。在权衡利弊之后，选择空降职业经理人同样是一个慎重的选择。

2002年8月，一个犹如响雷一般的新闻震动了浙江商界——时任中国第一家民营汽车"巨无霸"企业吉利集团总裁、首席执行官李书福开启了招贤纳士的大幕。

据了解，李书福请来两位"空降兵"，取代他首席执行官的位置。这两位"空降兵"，一是吉利集团CEO徐刚，年仅41岁，博士，原黄岩财政局副局长，1995年调入浙江省财政厅工作，2000年被任命为浙江省财政厅党组成员、省地税局总会计师，是浙江省最年轻的厅局级干部之一；二是吉利汽车CEO柏杨，女，年仅33岁，硕士，哈尔滨工业大学机械制造系毕业。

从2002年8月起，这家家族企业的创始人李书福只担任吉利集团董事长。可能读者不明白李书福为什么任此二人为"将"呢？

其实，李书福的这一做法是比较合理的。在10年前，吉利集团这个家族企业已经达到一定规模，要想使得吉利集团"更上一层楼"，招贤纳士就是一个不得不做的选择题。

对此，李书福在接受《台州商报》采访时谈道："现在世界上所有大公司，比如说奔驰、宝马，哪一个不是在用有财务背景的人做高层管理！我想我也应该这样做。徐刚是上海财经大学的硕士，在读博士，浙江一年800多亿元的税收是经他的手收上来的，他是浙江省税务局的总会计师，对各企业的运行状况非常了解，在我眼里他不是一般的行政干部。之所以选用柏杨，主要是因为她的经历和专业比较合适吉利的发展。从技术背景看，硕士学位，曾参与并主持沈阳金杯客车制造公司十年规划改造计划的项目，并参与了华晨金杯项目的具体操作及中华轿车项目的前期工作；后进入一家美资的零部件制造企业，担任常务副总，主要负责企业重组、改造及管理培训方面的工作，期间接受了多次现代化管理培训的课程如CE等。在任职期间，她成功地对该企业进行了ERP项目的实施，导入了很多管理模式，使得企业从一家全面内销的企业成为一家全出口型的企业。我之所以取此二人为中军大将，主要有两点：一是人才互补；二是吉利决不再搞家族企业，而是唯才是用。一方水土养八方人。"

李书福的招贤纳士使得吉利集团高速发展，而今，吉利集团已经跻身世界汽车企业俱乐部。2010年3月28日21点，在瑞典的斯德哥尔摩，吉利汽车以18亿美元的价格收购瑞典汽车企业沃尔沃100%的股权。李书福的招贤纳士战略给中国家族企业做了一个很好的表率。对此，业内专家坦言："家族企业要发展和壮大，必须招贤纳士，这样对家族企业的管理才更有力。"

不拘一格降人才

伴随着规模的扩大,家族企业也在积极地进行社会化。中国民营企业,尤其是家族企业,福耀玻璃堪称最无惧于吃螃蟹的那一个。早在20世纪90年代,福耀玻璃就开创了三个最——最早聘用国际会计师事务所进行审计、最早引入高级空降兵、最早引入国际独立董事制度。[①]

正是福耀玻璃的社会化,作为高层管理人员的白照华不认同外界把福耀玻璃等同于家族企业。白照华解释道:"我们这个团队没有老板多少家属,或者说他的家族并没有成为企业的主要力量。"

白照华的观点还是客观、理性的。2012年2月,白照华在接受媒体采访时介绍,在当时,"福耀玻璃集团共有十八家独立分公司,年营业额过百亿元,员工总数达一万多名,但这么多独立分公司的总经理,没有一个是曹家人。实际上,参与福耀玻璃的曹氏家族成员只有三个——曹德旺、曹晖、曹芳(曹德旺的妹妹),十多年前如此,现在也一样。"

在白照华看来,曹德旺在最初创立企业时放弃了家族力量,而是有效利用社会资源。曹德旺说道:"我都是靠的社会力量。"

曹德旺所言非虚。想当初,曹德旺在家乡福建省福清市的宏路镇承包了已经难以为继的一家水表玻璃厂,就是通过股份制形式和合作开始创业的。1987年后,福耀玻璃公司注册成立,进口设备都买来了,可曹德旺手下还没有玩得转技术的人才。他千方百计请来了福建省工程院的十几个专家和专业人士,又招了一批高中生进入企业。这些人当时都没工作,进来后,很高兴、很努力地做事情。福耀玻璃就是从这批人开始培养企业骨干的,现在的管理团队、技术中坚,一半以上正是当年的这批人,他们现在

[①] 王缨.曹氏传承[J].中外管理,2012(02):40-58.

年富力强。①

作为集团副总经理的白照华，依旧记得当年加入福耀玻璃的情形。据白照华介绍，白照华曾在福州军区服役，很早就听说过曹德旺的名字。白照华在部队读了军事院校，学工程技术，1995年退役时已经是师团职大校，对退役军人来说转职地方，去企业也是多种选择之一。在熟人的引荐下，白照华与曹德旺见面了，但出乎他意料的是，短短几分钟交谈后，曹德旺就把新建的万达工厂交给了他——那是一个很多人都羡慕的职位。要知道，当时的白照华，还没有任何企业经营管理的经验。②

当天下午4时，白照华就到福耀玻璃上岗了。白照华说道："我想，老板一定是用我所长。他没给我什么实习机会。"

在白照华看来，曹德旺选人、用人有自己的一套方式。白照华说："老板做企业，对人，对物，都是一种方式，就是干净利索的风格，决断能力非常强。"

二十多年过去了，白照华已经成为曹德旺的左膀右臂，与曹德旺之间的工作也很默契。

白照华认为，曹德旺是非常尊重下属的老板。白照华说："当你向他汇报工作时，如果他还拿不定主意，往往会问：'你说怎么办？'当你提出不同意见时，他反应很快，一旦他发现自己错了就会马上说：'就照你说的做！'"

在福耀玻璃，曹德旺一向倡导用人不拘一格。曹德旺说："我只要用这个人，就一定信任他，也一定有理由信任他。"

对此，道达尔能源中国区主席赵伟良非常认可曹德旺的观点："发展人才和发展技术同样重要，创造长期价值的公司必须学会长期发展人才。"

除了白照华，如今担任福耀玻璃要职的郑崇雄也是曹德旺"不拘一格用人才"的案例。作为福耀玻璃工程玻璃厂厂长的郑崇雄曾是一名小学任

---

① 王缨.曹氏传承[J].中外管理，2012（02）：40-58.
② 王缨.曹氏传承[J].中外管理，2012（02）：40-58.

课教师,随着下海潮的影响,郑崇雄也离开教师岗位。

经过曹德旺亲自面试,郑崇雄加盟福耀玻璃,成了一名普通工人。郑崇雄回忆道:"在当时,大家一起工作,一起学习,一起聊天,很快乐,但是也很累,很多活还是手工操作,两手常常痛得举不起来。至于折旧、成本、效益,完全不懂。"

经过内部培养,郑崇雄已经成为优秀的厂长。郑崇雄说:"只要福耀玻璃需要,我就会坚持在自己的岗位上不动摇,这里是我生命的起点,也是我生命的归宿。"

再来看福耀玻璃新一届的核心管理团队:总经理、财务总监、副总经理、证券事务代表等重要岗位均是福耀玻璃自己培养起来的,他们在福耀玻璃工作的年限,长则20余年,短也在10年以上,他们是有着丰富企业实战经验的管理成员,年龄都在四五十岁之间。这就难怪曹德旺偏袒这样的一个团队,甚至不容曹晖轻易变动。[①]

[①] 王缨.曹氏传承[J].中外管理,2012(02):40-58.

第16章

善行天下

第16章 善行天下

与福建当地人家在自家门口摆放石狮子做法不同的是，曹德旺却在自家门口放着一只通体乌黑的、咧嘴大笑的、屁股上有个洞的貔貅。对于貔貅的设计，曹德旺解释说："人家的貔貅都是只进不出，那不是要撑死啊？钱财，就要有进有出。"

在同时兼有成功企业家和慈善家双重身份的曹德旺看来，慈善行为与企业经营并不矛盾，反而是相互促进的。[①]曹德旺在企业报《福耀人》上写道："在我看来，企业的品德就是企业的根基，企业间的竞争，不只是策略、技术和创新的竞争，最后决胜负的关键，往往掌握在品德手上。"

据《中国慈善家》杂志披露，从1983年第一次捐款至今，曹德旺累计个人捐款已达160亿元。[②]

对于曹德旺的慈善行为，《南风窗》的评价很高。在各大富豪排行榜上，曹德旺的名次都不算高，但是在做慈善方面，他一定都是位列前茅。《南风窗》报道称："中国的富人很多，但'玻璃大王'曹德旺可以称得上是'中国首善'。从1983年起，他在39年间累计捐款160亿人民币，超过他身家的一半。但'首善'不仅仅是钱捐得多，曹德旺做慈善并不为沽名钓誉，捐款对他来说只是一个开始，他会将钱落实到需要救助的人手中才会结束。2021年，75岁的曹德旺提出捐资100亿办一所高水平应用型大学。他表示：

[①] 陈俊岭.曹德旺慈善亦是商业[J].数字商业时代，2009（05）：28-28.
[②] 曾晶.曹德旺：注解心若菩提[J].中国慈善家，2023（01）：94-99.

'我去办一所大学的目的不是为了让中国多一所大学，而是做一次探索和改革。'"[1]

在曹德旺看来，"敬天爱人，止于至善"是创业的根本。曹德旺说道："最主要的因素是社会责任感。福耀一直秉承一个信念：'敬天爱人，止于至善'。这是福耀创业的根本，也是福耀从小做到大最根本的原因。"

曹德旺举例说道："福耀成立于1987年，1991年福建省让我发行股票，当时1.5元/股，是净值（6000多万元净资产折成4000万股）。发行以后，因为不能挂牌，很多人要求退回股票。被逼无奈，我自己回购了几百万股。不过，因祸得福，等到上市的时候，每股涨到了40多元。"

正是因为如此，2009年，曹德旺成为首位获得企业界奥斯卡——"永安全球企业家大奖"的华人。曹德旺认为，企业家必须是创业者，让一家企业从无到有、从小到大，并在这个过程中持续发展、不断创新。与一般的商人不同，商人是哪里有钱赚去哪里，但企业家不单为了钱，企业家还肩负责任。[2]

对于企业家的责任，曹德旺说道："国家因为有你而强大，社会因为有你而进步，人民因为有你而富足。虽然这话看着有点大，但我始终作为人生价值观的灯塔来树立。"《南风窗》由此评论道："拥有如此的情怀、格局和气魄，归其根本是曹德旺愿景的宏大，而这也全然体现了一个君子的品性与修为——己欲立而立人，己欲达而达人。"

---

[1] 李淳风.曹德旺：敬天爱人，止于至善[J].南风窗，2023（04）.
[2] 李淳风.曹德旺：敬天爱人，止于至善[J].南风窗，2023（04）.

成立"河仁慈善基金会"

在中国悠久的历史文化中,"衣锦还乡"和"光宗耀祖"的传统一代又一代传承着。对于这个传统,曹德旺也不例外。2012年,《中国新闻周刊》是这样报道的:"他是中国的玻璃大王,但让他蜚声国内的是他一笔笔流向贫困地区的善款。从玉树地震捐款一亿元,到今年史上最为'苛刻'的慈善,再到成立河仁慈善基金会捐赠的35亿(元)巨款,慈善与曹德旺的名字从未离开公众的视线。作为公益类人物,曹德旺的2011年也非比寻常。他是多事之秋的中国慈善不多的亮点,他的标本意义更在于他对中国慈善的信心和作为慈善探路者的睿智和勇气。他用自己的行动寻找着属于中国慈善的春天。"[①]

2011年,对于曹德旺和中国慈善事业来说都有着里程碑式的意义。2011年5月5日,由曹德旺发起的、以父亲曹河仁的名字命名的"河仁慈善基金会"在北京成立。这个命名凝聚了父亲从小教育曹德旺要有"富不忘本、兼济天下"的情怀。这是中国第一家以金融资产(股票)形式支持社会公益慈善事业的基金会,它的成立具有里程碑意义,被称为"中国股权第一捐赠"。

对于河仁基金会的未来,曹德旺是这样规划的。曹德旺说:"我注册成立河仁基金会的目的就是示范,给中国、给企业界的人开创一个用股权成立基金会的示范。还有就是保护自己。以前我喜欢自己捐款,直接把款项拨放给受益者,结果有一次被'修理'了,让我补税。因为国家规定,慈善捐赠应由政府认定的慈善组织接收,否则无法认定为慈善捐赠,那么捐赠人就不能依法享受所得税抵扣。我认为这是法律,必须遵守,所以后来

[①] 刘子倩.曹德旺:慈善要像玻璃一样透明[J].中国新闻周刊,2011(48):102-105.

为了规避这个风险,我成立了基金会。我悟到了,做好事要依法办好,处理不好会犯法。说到河仁基金会未来的计划,我们讲不忘初心,初衷就是这个——示范,希望国家引起重视,培养这种基金会。慈善是小善,大善为政,小善为慈,慈善的目的是培养个人德性,同情之心、悲悯之心,救助他人。慈善的终极目的是推动社会稳定和谐。慈善是一门哲学,从道教、儒教、佛教去看,有几千年的历史。但过去生产力水平很低,财富的积累非常有限,做慈善投入会有多少?所以,慈善不单单是指捐钱,最重要的是要有同情心,有关爱他人的意识。1983年以前,我没钱的时候也做了很多好事,人的德行就是这样培养的。问我将来,我认为河仁基金会的初衷不变,我承诺捐赠100亿(元)建福耀科技大学,基建已经用了40亿(元),河仁基金会户头现在接近100亿(元),我相信只要过一年,又100多亿(元),河仁基金会不会没有钱,它会按照时代要求履行它的义务,为社会树立典范。100亿(元)建大学的承诺一定会兑现,大学大门进来的桥叫作'九鼎桥',就是一言九鼎的意思。"①

对于曹德旺以基金会做慈善的善举,财经作家吴晓波认为,任何形式和数额的慈善捐款我们都应献以掌声:"曹德旺的捐献形式在国外很普遍,以股票成立基金会为慈善引入了经营的概念,这种形式具有积极的意义。"②

2011年,曹德旺将曹氏家族(曹德旺与夫人陈凤英)持有的3亿股福耀集团的股票捐赠给"河仁慈善基金会",过户当天,价值人民币35.49亿元,主要用于支持中国贫困地区教育、医疗、扶贫、救济等公益慈善事业,2015年获得非营利组织免税资格……开创了中国基金会资金注入方式、运作模式和管理规则等多个第一。③2020年,曹德旺通过"河仁慈善基金会"累计向社会捐赠15.5亿元。迄今为止,曹德旺已累计捐赠超过160亿元,多次蝉联中国慈善榜"首善",并获得民政部颁发的中华慈善奖。

---

① 曾晶.曹德旺:注解心若菩提[J].中国慈善家,2023(01):94-99.
② 陈俊岭.曹德旺慈善亦是商业[J].数字商业时代,2009(05):28-28.
③ 刘子倩.曹德旺:慈善要像玻璃一样透明[J].中国新闻周刊,2011(48):102-105.

2022年，根据咨询机构民德公司公布的"中国捐赠百杰榜"数据显示，排在前三位的捐赠者是王兴、曹德旺、丁世忠。

榜单显示，排在第一名的是美团创始人王兴，捐赠总额约107亿元人民币，将专门用于推动教育与科研等公益事业。（2023年，胡润研究院发布《2023胡润全球富豪榜》，王兴以1050亿元财富位列榜单第108位。）

曹德旺2021年捐出101亿元，排在榜单的第二名，主要用于建造福耀科技大学，培养国内新兴产业急需的研究型、复合型、实用型人才。曹德旺认为制造业缺乏的是人才，而不是资本。只有制造业的人才密度增加了，企业才能得到长足的发展。（根据《新财富》杂志发布的2023新财富500富人榜单，曹德旺家族以204.9亿元位居179名。）

2021年8月26日，首届"ESG全球领导者峰会"隆重举行，主题为"聚焦ESG发展，共议低碳可持续新未来"。作为福耀玻璃工业集团股份有限公司董事长、创始人的曹德旺，发表主题演讲，以下为演讲实录（部分）。

尊敬的各位女士，各位先生，上午好。

新冠疫情到今天还没有结束，这给全球经济带来了极大的危害。我相信此时此刻的所有的全球人民都在祈求着两件事情。第一件就是疫情尽快结束，让我们能够稳定生活和生产。第二件事情，就是抓生态环境建设，力推碳中和，就是我们今天开会的主题宗旨——ESG。

我所从事的福耀企业，我们长期坚持这个原则。第一，在工厂建设上面我们力推绿色环保，我们福耀的工厂都很漂亮，因为这个跟这种理念有一定的关系，我们创造一个良好的生产环境，让员工安居乐业。

第二，生产上、装备上，我们力推智能制造和智能管理两化融合，也已经成功成为我们国家的工业2025的示范单位，我也为这个成绩感到自豪。

在社会责任上，我们福耀总的方针政策是谋求自身发展的同时，兼善天下，以"敬天爱人，止于至善"作为自己的长期的原则方针奉行。所谓敬天爱人呢，从遵纪守法做起，负责任地向全世界提供我们最好的产品。这就是我们的做法。我们绝对做到守纪守法，来保证我们企业的稳定和健康发展。

在社会捐赠方面，我们认为企业的责任，首先是遵章纳税，遵纪守法。第二呢，在力所能及的情况下，不影响我们发展的前提下，帮助社会进步，做一些力所能及的事情。这（让）我们感到无比的光荣和自豪。

最近，提出来了第三次分配方案（注：2121年8月17日召开的中央财经委员会会议提到"三次分配"），我相信跟这个项目也是非常融洽的，因为第三次分配方案牵扯到改革开放的进一步的深入。我认为这是一种社会进步的象征。这是改革开放进入深水区的具体的部署。作为企业家，我为我们国家在感悟和感知上的领先也感到自豪，感到骄傲，因为我认为这就说明我们国家在进步……

对于坊间流传的"首善"这个名号，曹德旺并不以为然。曹德旺说道："只是捐了一点钱而已。"在曹德旺看来，慈善的终极目的是构建和谐社会，促进社会发展。曹德旺介绍说："我捐出去了一百多亿，现在还有百把亿，我还会继续捐出去。"[①]

在河仁慈善基金会成立时，曹德旺在接受媒体采访时向外界宣称，自己将适时退出，交由专人负责管理。4个月后，曹德旺兑现了自己的承诺，曹德旺、曹晖和福耀集团财务主管退出河仁慈善基金会的管理。

至于为什么要退出，曹德旺是这样回答的："为什么要退出？因为钱被他们拿走了，让他们自己去做好了。"

由此不难看出，退出河仁慈善基金会是曹德旺自己经过深思熟虑的结果。在曹德旺看来，只有交给专业人士管理，河仁慈善基金会才会真正地得到良性发展。当然，曹德旺的退出也附有相关的条件——必须严格按照基金会的制度运作。曹德旺的理由是："我不相信任何人，包括我自己，我只相信制度。"

在曹德旺看来，只有完善的制度，才能真正地约束职业经理人的操守。

---

① 邰晓文. "苦行僧"曹德旺［J］. 中国慈善家，2021（01）：12–17.

于是，曹德旺花了四五个月时间制订基金会的管理办法，甚至还多次邀请专业人士有针对性地提出修改意见。最后，曹德旺才真正地放心把管理权交给职业经理人。曹德旺补充说道："制度建立起来后就不能像老太婆一样不放手，那样做就不好玩了。"曹德旺透露，除非河仁慈善基金会出现重大问题，否则他不会干预基金会的管理工作。

据《中国新闻周刊》披露，河仁慈善基金会的创建过程颇为曲折。2009年2月，曹德旺就在公开场合表达了捐赠股票成立基金会的想法。两个月后，曹德旺向民政部递交了书面申请，但按照当时的管理条例，非公募基金会的原始基金必须为到账货币资金。[①]遭遇一系列的困难后，曹德旺更加清醒地认识到问题的解决办法，而且创建河仁慈善基金会的信念更加坚定。

曹德旺说道："高层一直重视，开了N次会。"2010年6月，曹德旺在民政部登记注册成立河仁慈善基金会。自此，河仁慈善基金会的运作驶上了快车道。[②]

当考察了美国的基金会后，曹德旺终于理解了政府在基金会审批上的苦衷："他们大的基金会都有政治主张，这和我们的国情不吻合。慈善基金会是帮助弱势群体，而不是让社会变得动荡。"

在曹德旺看来，帮助弱势群体才是自己做慈善的原动力。毕竟，自己经历过社会的动荡和家道中落的境遇。这样的经历，更让曹德旺体验到慈善的力量。与此同时，光宗耀祖的理念也让曹德旺在富裕后有财力落地。据《中国新闻周刊》披露，口袋鼓起来后，曹德旺这一年还做了件大事。他的小学班主任找到他，希望帮母校换些桌椅。曹德旺一口气把学校所有的桌椅全换了，花了两千多元。这也成为曹德旺慈善事业的开端。[③]

由此开始，曹德旺尽己所能地在小范围内小规模地默默行善，直到后

[①] 刘子倩.曹德旺：慈善要像玻璃一样透明[J].中国新闻周刊，2011（48）：102-105.
[②] 刘子倩.曹德旺：慈善要像玻璃一样透明[J].中国新闻周刊，2011（48）：102-105.
[③] 刘子倩.曹德旺：慈善要像玻璃一样透明[J].中国新闻周刊，2011（48）：102-105.

期"手头"逐渐宽裕，他才慢慢加大行善力度：乡村道路建设、助学扶贫、救助患病群众、捐资赈灾……就这样慢慢扩大了行善范围。1998年，当湖北武汉发生特大洪灾后，曹德旺奔赴武汉，随后发动福耀员工为武汉灾区捐款100万元，自己拿出300万元，共400万元经由中央电视台汇出。同年，福建省闽北建瓯市遭遇洪灾，曹德旺捐资200万元。2008年，四川5·12汶川地震，曹德旺亲自赶到现场察看，面对灾区残垣断壁与满目疮痍的景象，曹德旺先后捐出了2000多万元赈灾款。2010年，青海玉树4·14地震，公务在身的曹德旺派遣儿子、时任福耀集团总裁曹晖，在中央电视台4月20日举行的"情系玉树，大爱无疆——抗震救灾大型募捐活动"特别节目上，为地震灾区捐款1亿元人民币。这时候，全中国人民都在关注着玉树的抗震救灾工作，都在观看着中央电视台组织的这场大型活动。当人们从电视上看到曹晖手举"曹德旺、曹晖1亿元人民币"的牌子时，无不发出惊叹，无不为这一对充满大爱的企业家父子所感动。曹晖在接受媒体采访时表示："玉树的灾难是全国人民的灾难，也是福耀的灾难，曹家的灾难……我们希望用自己微薄的力量让玉树灾区的人民尽快走出困境，重建家园。"同年，我国西南发生严重旱灾，群众遭受巨大经济损失。曹德旺向西南五省干旱灾区近10万个贫困户捐出2亿元扶贫善款，每户2000元救助金。这笔善款通过中国扶贫基金会发放给贫困农户，在社会上引起很大的反响。①

除了自然灾害捐钱外，当一些个体遭遇困难时，曹德旺也积极救助。据《慈善公益报》披露，2002年12月，曹德旺从媒体上得知，一位下岗女工患了肾病需要做肾移植手术，却无法筹集到手术所需要的15万元后，主动提出帮助她。不仅承担她手术所需的费用，还一帮到底，承担了手术后每年的治疗费用5万元，直到3年后这位女工痊愈。同年，福建省关工委向曹德旺提出请求，希望他能捐助当地几个贫困大学生的生活，每人每月帮助300元。在详细了解这几个贫困大学生的家庭情况后，曹德旺不仅非常爽

---

① 朱明，高琴."中国首善"——曹德旺慈善[N].慈善公益报，2020-04-20.

快地答应下来，而且还主动提出扩大帮扶范围："当地肯定不止只有那几个贫困学生，而且每人每月300元仅仅只能解决这些孩子的吃饭问题，他们总得购买学习参考书和学习用品，300元不够。"曹德旺提出每人每月发放500元……这一捐，就捐出了420万元。①

曹德旺真诚帮助类似这样的困难群众还有很多。《海峡都市报》报道了一位农民生了三胞胎，需要在保温箱中才能生存，可是孩子们的父母没钱，只能留一个孩子在保温箱中。看到报道后，曹德旺电话通知医院，由他支付3个孩子在医院保温箱养护的所有费用，直到孩子健康出院为止。然而，3个孩子对于一个农村家庭而言，其负担不小。曹德旺随即决定，在未来每个月给这个家庭3,000块钱，之后每月资助孩子的生活教育费1,500元，直至她们18岁。次年春，3个孩子中的老大患病需要手术治疗，曹德旺又支付了所有的费用。②

---

① 朱明，高琴. "中国首善"——曹德旺慈善［N］.慈善公益报，2020-04-20.
② 朱明，高琴. "中国首善"——曹德旺慈善［N］.慈善公益报，2020-04-20.

做慈善实际上是一种修行

据《中国新闻周刊》披露,曹德旺在很小的时候就信了佛,常常跟着母亲到寺庙中祈福。曹德旺在接受《中国慈善家》专访时说道:"做慈善实际上是一种修行,没有特定的人群说要做慈善,这不是富人的专利,每一个人都可以做慈善……布施是你钱多了,可以施出你的钱财给大家共享,你的办法多了也可以给别人共享。如果这些你都没有,那么你可以想想自己身上有什么缺点和不良习惯,可以把它放下、舍掉,这也是做慈善。"

据《中国慈善家》披露,曹德旺的慈善观深深地植根于他的佛教信仰。佛教中蕴含的慈悲济世、普度众生的理念,在中国民间,特别是在福建拥有广泛的群众基础,也是很多企业家开展慈善活动的动力之源。[1] 正因为如此,曹德旺在2016年就捐资2.5亿元重兴始建于唐代的福清万福禅寺。

当《中国慈善家》杂志记者以"在做过的这么多慈善项目里,最得意哪一个?"为提纲采访曹德旺时,曹德旺的答案是:"黄檗寺、普陀山万佛塔,都很庄严。建筑以外的慈善项目我还没有很认真去想过,我觉得盖得庄严漂亮,就能够引起众生的共鸣。"

据《中国慈善家》披露,在早年的商场竞争中,曹德旺多次陷入困境,一度甚至想过出家为僧。在曹德旺的办公室里,进门最显眼的位置,桌上摆放着巨型《金刚经》典藏版,金色封面上赫然刻着关山月书写的经文:"一切有为法,如梦幻泡影,如露亦如电,应作如是观。"20年前,曹德旺就爱读《金刚经》;现在,他依然常读《金刚经》。曹德旺说道:"原来根本是看一个表皮,现在会一句话一句话来拿捏。"

对于佛教信仰,曹德旺解释称,信佛不是迷信,佛经是教你做人的行

---

[1] 郜晓文. "苦行僧"曹德旺[N]. 中国慈善家,2021(01):12-17.

为准则，做人做好人，做事做好事。佛经里说布施，涵义很广。[①]曹德旺说道："我捐了100多亿（元）你说多不多？好多。再一想，不多。因为你才捐掉一部分，你身上还有很多东西是可以捐的……你看到人家有困难，能够动悲悯之心，有的时候只是举手之劳，几句话，或者一个笑脸就帮助人家解决问题了。"

正是带着信仰做慈善，在曹德旺看来，企业家是社会的精英，企业家自身素质的提升决定企业的发展。企业家是引领社会前进、经济发展的重要力量，越是碰到困难越要冷静，要大胆地挺身而出，承担起责任。2016年3月29日，《公益时报》根据"中国慈善榜"办公室捐赠记录披露了一组数据，详细如下：

2003年—2005年，曹德旺3年累计捐赠4194.6万元，用于公共建设及扶贫领域，位列当年"中国慈善家榜"第15名。

2006年，曹德旺捐赠现金2131万元，实物8.5万元，用于教育、医疗、公共建设等领域，位列当年"中国慈善家榜"第22名。

2007年，每年捐资150万元在西北农林科技大学设立"曹德旺助学金"，定向定额捐赠10年计1500万元（数据来自公开报道）。

2008年，曹德旺捐赠2471.31万元用于教育、医疗等领域，位于当年"中国慈善家榜"第18名。

2009年，曹德旺捐赠2765万元用于社会公益，位于当年"中国慈善家榜"第21名。

2010年，曹德旺捐赠102828.96万元给福建省慈善总会，用于救灾和扶贫等领域，位于当年"中国慈善家榜"第1名。

2011年，曹德旺捐赠363474.8万元给河仁慈善基金会，用于教育扶贫、社会公益等领域，位于当年"中国慈善家榜"第1名。

2012年，曹德旺捐赠5179.76万元用于社会公益、教育、扶贫、环保及

[①] 邰晓文."苦行僧"曹德旺[J].中国慈善家，2021（01）：12-17.

文化等领域，位列当年"中国慈善家榜"第38名。

2013年，曹德旺向福建慈善总会捐赠10600万元，位列当年"中国慈善家榜"第11名。①

对此，曹德旺说："金钱诚可贵，人格价更高。做善事也一样，我应尽自己能力去做。"

在曹德旺看来，自己受益于改革开放，自己所有的成就源于社会各界的共同努力。曹德旺说道："我们这些从福清走出来的人，吃福清的水长大，吸取家乡灵气，事业有成的话，应该记住家乡，回报家乡，参加家乡的建设和发展，在社会需要的时候还给社会。"

当《中国慈善家》把2020年度人物颁发给他时，曹德旺回应说道："你今天评我做慈善家，我觉得慈善没有家，慈善本身就是修行，我是苦行僧，仍在修行的路上。"

曹德旺的理由是，"慈善是非常高尚的事情，有些人是不能进来的。我对慈善是全心研究的，它是一门学问，是哲学。做任何事情要搞清楚目的是什么，手段是什么。做慈善的目的是推动社会的稳定和谐，让众生和谐相处。怎么和谐相处？首先，有钱人要学会谦虚，会尊重别人，能够在不影响个人与家庭生活质量的情况下慷慨相助。第二，做任何好事，不要像母鸡下蛋一样乱叫，人家非常讨厌。慈善是自己去学习的，你问我老师是谁，我今天告诉你。释迦牟尼即将圆寂的时候，弟子问他，你死后我们要拜谁为师？释迦牟尼说，拜戒律为师。能够当你老师的就是你自己。"

---

① 李庆.曹德旺：33年累计捐赠70亿　开创慈善模式先河[N].公益时报，2016-03-29.

筹建"福耀科技大学"

在扶持贫困学子方面，曹德旺非常重视。2007年，在西北农村科技大学，曹德旺设立"曹德旺助学金"，每年向该校投入150万元，共投入10年，总额达到1500万元。

2009年，曹德旺捐资2000万元资金建设南京大学河仁楼，旨在把河仁社会慈善学院建设成为培养慈善专业人才的基地。

对于教育，曹德旺更是自筹100亿元资金创建"福耀科技大学"。据媒体披露，2021年5月4日，由曹德旺创办的河仁慈善基金会计划出资100亿元，投入筹建"福耀科技大学"。2022年5月14日上午，福耀科技大学举行项目开工动员会，福耀集团董事局主席曹德旺宣布项目开工。2023年5月，福耀科技大学34座楼栋主体结构已基本封顶。

对此，曹德旺说道："福耀科技大学定位是理工类研究型民办非营利性大学，培养国内新兴产业急需的研究型、复合型、实用型人才，为我国实体经济做强做优提供人才支撑，为中国社会经济高质量持续发展提供智力支撑，为民族复兴汇聚力量。"

据正在筹建中的福耀科技大学官网介绍，福耀科技大学设在福州高新区南屿镇流洲岛，紧邻福州大学城，与历史上曾出过39名进士的福州历史文化街区水西林连为一体。福耀科技大学校园用地总规模为1273亩，竣工的首期建筑达87万平方米。

对此，曹德旺说道："这个地方文脉昌盛……村民自古很重视教育，听说我要来盖大学，他们很高兴，保得住文脉，比被房地产拿去开发好。他们非常支持我，拆迁安置很顺利，等大学盖好了，他们还可以回来就业。"

据了解，福耀科技大学完全按照一个开放式校园的思路进行规划设计，流洲岛天然的水道被保留并将在校舍完工后疏通治理，大学校园主体就是被水道环绕的天然岛屿，通过几座桥与外面的大路相连。①

对于福耀科技大学，曹德旺非常重视，甚至还把自己的信仰、理念和期许融入到大学的设计细节里。例如，曹德旺把通往大学大门的桥命名为九鼎桥，"一言九鼎，做人最重要讲诚信"。在图书馆前面的广场，曹德旺从南安定制了一块巨大的整石，刻上校训"敬天爱人，止于至善"，20多米长，3米多高，放在那里会非常震撼。②

据官网介绍，福耀科技大学计划设立七个学院：材料学院、计算机学院、机械与先进制造学院、车辆与交通学院、环境与生态学院、经济与管理学院、理学院和人文学院；三个公共教学部：思政教学部、外语教学部、体育教学部；建立一流的图书馆、公共实验中心、实训工程中心、超算中心和博物馆等教学科研辅助单位，教学实验室投资每名学生将达10万元人民币。

与众多定位为理工技术类大学不同的是，福耀科技大学还修建了音乐厅和博物馆。与此同时，福耀科技大学每个学院都有独立的大楼，以图书馆为中心分布排列。教学楼、图书馆、宿舍生活区与文化体育活动区的距离都在两三百米之内，十分方便未来的学生上课和活动。除了配套的本科生和研究生宿舍、教师公寓、食堂以外，曹德旺还将修建配套的幼儿园等相关设施。③

鉴于创业过程中对技术问题的深刻认识，曹德旺还在福耀科技大学里预留了两座硬件设施配置最顶级的实验大楼。曹德旺的设想是："以后会有很多大型企业到这里来设立研究室、实验室……企业把课题带进来，老师帮企业解决问题、搞研发，企业要付费给老师做奖金，论文和成果则直接参与科研评奖，相当于学校就是企业的研发中心，直接解决科研成果转化问题。"

---

① 曾晶.曹德旺：注解心若菩提[J].中国慈善家，2023（01）：94-99.
② 曾晶.曹德旺：注解心若菩提[J].中国慈善家，2023（01）：94-99.
③ 曾晶.曹德旺：注解心若菩提[J].中国慈善家，2023（01）：94-99.

第16章　善行天下

2023年1月，在央视《对话·开年说》节目中，曹德旺说道："我正在捐100亿（元）去建一所大学。第一，因为我们的投资会拉动旁边企业的生产；第二，我们服从中央共同富裕的号召，自我调节，我把我多余的钱拿出来回馈社会……我要办这所大学，我要去找大师来当校长，请大师来教我的学生，要把它变成世界一流的名校，这才是我的志向。因此，这可能是很漫长的活。"

按照规划，福耀科技大学的办学层次为本科和研究生学历，办学规模为全日制在校学生12000人至13000人。其目标为"瞄向制造业高端技术短板，服务国家解决'卡脖子'问题，培养具有国际化视野、国际化企业管理能力、创新精神和家国情怀的高素质应用综合型人才，对标国际名校"。

福耀科技大学官网是这样介绍的："在人才培养方面，福耀科技大学实行本科、硕士、博士三个阶梯教育。规划招收学生一万两千人，最高可容纳一万六千人。预计2024年秋季招生。努力培养具有家国情怀、国际化视野、创新精神及能力的高素质应用研究型人才。"

在央视《对话·开年说》节目中，曹德旺说道："我们这个大学要真正针对社会短缺来培养人才……我认为经济发展首先需要发展教育，教育发展的时候，首先要有一个正确的办法来实现大学的目标。因此，我们倡导用慈善基金会的方式来办大学……不是（为了）盈利的，那么就会做出最好的效果。"

致力于打造世界一流的理工科研究型大学，曹德旺对此拿出100亿元资金。曹德旺介绍："我打算捐100亿元，现在学校基建花了40亿元左右，还有60亿元，每年如果有10%的收益，就有6亿元的经费。如果按照1个校长、5个副校长、50个教授、院长规划的话，人力资源成本大约1.2亿元。校园管理费一年大概5000万元。我们会请企业来建实验室，让企业来建，拿课题进来跟教授合作，给教授发奖金。哪个学院的教授拿的工资高就代表院长的水平高，因为你的成果直接给企业用，产生效益了。学校的学费与国家标准一致，但学生入学必须分数要高，要会吃苦。"

在工程质量上，曹德旺从不懈怠。据《中国慈善家》介绍，福耀科技大学开建的那段时间，曹德旺几乎天天到工地现场办公、监督工程。他的亲力亲为，首先，确保了施工质量，他一再强调"寺庙和学校都是百年大计，我盖的房子，一定要经受住时间的考验"；其次，是压缩了不必要的支出，原来建设工程预算是60亿元，开工时赶上房地产业生意不好，建筑材料降价，再加上曹德旺亲自督工，实际上只需要花40多亿元。"我是在堵漏洞。"他说，"这个项目我管，和别人管相差一半的钱，大学利益最大化，谁来讲情都没有用。"①

在曹德旺看来，学校的资金不成问题。等学校建设完以后，他表示会再凑足100亿元成立奖教助学基金。曹德旺说道："我会建议政府成立一个公募基金用于学校发展，用我的名义、信誉吸引社会各界捐资，作为学校未来主要的资金来源。"

之所以曹德旺每天都在工地上对福耀科技大学的建设工程如此较真，是因为他一分钱也不想浪费，同时也必须注重工程质量。曹德旺说道："我捐出去的钱，一分钱也别想浪费，所以我捐款的同时也会被别人骂得半死（笑）。很多人希望我捐100亿元交给他们去办大学，我就什么也不要管了，他会把我吹得神乎其神，但是我想这样浪费太厉害了。他们拿去也没有用，没有人拍板、没人管，特别是慈善的钱，可以做不见的。这么大笔慈善捐款是国家的资产，我不认为我有那么多钱是理所当然的，我刚好赶上改革开放这个机会，作为中国人要懂得感恩，要懂得回报，你不要捡到了钱都是你的，那不行。我也只是想通过做慈善影响一批人：钱本身是没有用的，能帮人家解决困难就尽量帮人家。因此我的捐赠承诺全部兑现，而且没有交换条件。慈善不能当生意做。"

在做慈善的过程中，曹德旺对慈善项目的监管十分严格，甚至严格到需要一份完整详细的评估报告。例如，曹德旺捐赠给西南旱灾的2亿元救援款，对执行方提出了严格的要求，被称为"最苛刻"的慈善。曹德旺说道：

---

① 曾晶.曹德旺：注解心若菩提［J］.中国慈善家，2023（01）：94–99.

"他们做得确实不错,钱精准地发到位了。但我提的条件一点也不苛刻,他们可以做的。扶贫层层有系统,用他们系统的数据就可以完成。"

曹德旺补充说道:"我认为,曾经帮助过就行了。我没有去回味,没有去后悔,也没有去要求回报。我是忠诚的佛教徒,既然是佛教徒,就要弘法利生……施有三种:一种财施,有钱人做的,功德不大,有钱就行;第二种是法施,用你的所学、你的知识、你的行为来施舍,这个受益面大,像我现在盖大学,这个功德大,但自己要花很多时间;第三种是无畏施,为了救人是可以替人家去死。不管什么施,都必须倡导无相布施。首先灭掉'我相',捐钱时不要想着'我有什么好处''我的利益在哪里''我的位置会排到哪里去',把'我'放进去,事情肯定搞砸掉。天下之乐与众生共享,这是最开心的事情,'我'不能放进去。第二(灭掉)'人相','人相'就是有成就都是我的,搞砸的都是别人的,斤斤计较得失。第三戒掉'寿者相',不要总以为我的经验我走过的桥比别人走过的路还长……世事在变,'五蕴皆空,色想识受行',就是能够摸到、看到、想到的,都是虚的。能够克制自己,能这样做人就好。我不会因为你给我声望高了,我就高人一等。我今天能让人家记住,是因为我踏踏实实地做了一些事情。"

与此同时,教学质量也是曹德旺所关注的。当《中国慈善家》以"大学师资也会全球招聘吗?"的提纲采访曹德旺时,曹德旺是这样回答的:"要建立国际化的师资资源库,一定要跟全球的专业技术进行对话,让我们的学生受到最好的教育。校长要全球招聘,由福建省委考核任命。第一任校长一定是中国人,他要有理工科背景,我们选校长的原则第一是人品好。人品决定一切。人品好,哪怕能力稍微差一点,也会有人支持他。以后大学实行理事会领导下的校长负责制。学校的理事会管战略,接受党委的领导;学校要设一个助学奖教基金会,接受社会的捐赠。理事会下面有校委会,由校长负责,管战术;下面的学院管执行,给他们充分的自主权,每个学院就是一个小的大学,教学经费百分百下沉到学院。我们会效仿福耀玻璃的管理,对每个人的岗位职责有精确的描述,向上向下、向左向右,对谁负责都会做明确的定位，按照标准做考核。工资高，提的要求也会高。"

据曹德旺介绍，福耀科技大学的办学较为灵活，在教学上也是如此。曹德旺说道："我们会采用慕课（MOOC）的形式，节省学生基础课如文史哲、外语、思政的读书时间，让学生多一些时间去实验室。我们会用双导师，学校配高素养专业导师，负责理论与专业教学，外面一个实践丰富、动手能力强的工程师当导师，教学生实操。学生寒暑假也需要去企业实习，计入学分，这样学生步入社会就有工作能力，能更自信地走入企业，可以拿到更高薪资。"

在中国慈善界，每有机会，曹德旺都会告诉那些想做慈善的后来人：慈善做得再大都是小善，而促进社会进步，让天下和谐那才是大善。[1]

曹德旺常说："我们虽然是家族慈善，（但是）我们非常尊重中国的《慈善法》。因为所有稳定和谐的前置条件，首先是能够统一思想。不管自己认为怎么样，都只是14亿人之一，要服从国家的管理。"

除了河仁基金会，福耀企业的慈善事业有什么考虑？曹德旺说道："我主张不要动员企业捐款。因为企业是股东的，不是老板的。人家钱投在你这里，你怎么能拿去捐了捞个人的声誉？我捐这么多钱，从来没有从福耀拿一分钱。"

曹德旺补充说道："我认为做慈善是陶冶个人的情操和心灵，那是很美的，所以我越做越年轻，越做越健康。我为社会做了应该做的事情，做人就应该这样，我首先立德，体会苦修，学成以后去创业；创业很成功，创业成功后把企业获得的利益和利润，在保证生活不受影响的情况下，回赠给社会，实现了我的初衷，报国为民。我现在就在演企业家角色的第三出戏，把我过去立德建功，成功的所得通过我建大学这样的公益事业回馈、归还给社会。这样的事业是我人生的第三个目标，让我的企业家角色更完美，也让企业家以前走过的路更完美。所有的事情都要全身心投入，专心致志地做，就像这个大学，盖起来后将是全世界最漂亮的大学。"

---

[1] 刘子倩.曹德旺：慈善要像玻璃一样透明［J］.中国新闻周刊，2011（48）：102-105.

附1

曹德旺：
我的时代答卷

　　面对全国青年才俊演讲确实有压力，讲什么呢？我只能讲故事，而且不能太过，过了人家会认为我在吹牛。因此我今天跟大家分享我们民营企业40年对国家的贡献和国家对民营企业的帮助。

　　讲个早期的故事。1978年改革开放，刚刚提出的时候只是农村先开始，小岗村联产承包责任制解决农村吃饭问题。

　　1983年《一号文件》里有一个条款，允许乡镇企业亏损了可以承包给个体户经营。1976年我回到高山玻璃厂当采购员，这个厂是一个乡镇办的，投了十几万元在里面，1976年到1982年，六年时间换了七个厂长，企业一直亏损，1983年4月份就承包给我了。那一年，8个月赚了二十几万（元），我的合伙人吵着要把钱分了就走人，我说为什么？他们跟我说，那时候一个人能分两万块是很厉害的，相当于现在几十上百万（元）。他们怕政策会变。而我坚定地认为，改革开放的政策是不会变的。

　　我正想企业家要不要自信呢，后来我慢慢琢磨研究这东西，我发现成功必须自信，没有自信永远不会成功。

我总结出成功要有四个自信。首先必须坚持政治自信。企业家首先必须坚持政治自信，先学会相信。如果你不相信政府的伟大，国家机构的权威，整天焦虑，就没有办法活下去。

当初改革开放，日本卖给中国几十万辆汽车，苏联也卖一批，整个中国变成汽车的万国博览会。一部车卖我们几千美元，一片玻璃卖两三千美元。我觉得这是欺负我们中国人。后来上海耀华的厂长跟我讲，作为个体户的我也可以去做，一个模具做几百遍，做完以后拿出去卖，也能赢得可观的利润。

从我个人的角度，赚钱是第二位的，我认为这个东西中国人必须做。我们十三个股东筹了600万（元），把它做起来，直到今天。

中国古代讲的是"三道"，君子爱财取之有道，政有政道、商有商道、师有师道。商道是什么？必须坚持一种原则，敢作敢当，把责任担起来，能够在社会上形成影响。

1987年合资以后，按合同规定，对方接受我们九个人到他们企业里培训。那个时候，一美元兑换八元人民币。出国的时候，每人每天有七十美元的补贴。国家政策是这样规定的，如果你节省了外汇，买东西回来就给你免税。手表、小收音机，凑起来大的收音机也给你免税。因此所有带队出去培训的人，大包小包自己带，并带米自己煮。

我把出国培训的人召集起来，跟他们讲，我们出国就要时刻注意维护国家形象，外国人不知道我们叫什么名字，但知道我们是中国人。

我们出去总共培训28天，到20天，我接到通知，对方总裁要请我喝酒。那天晚上很热情地接待了我们。第二天介绍人跟我讲，对方老总说在这里看到将来为中国人做玻璃的人，因此要请他吃饭。这句话永远伴随着我，我把它作为激励我一辈子的一句话。你们说要不要维护国家形象？他还交代下去他实验室里有一台设备，曹先生拿回去会有很好的效益。看完以后，确实很好，问他多少钱，他说180万（美元），我说买不起。后来集团特批，108万（美元）卖给我。

那台设备买回来后，安装下去几个月时间就把成本收回来了，确实效益很好。取得这个结果，就是我告诉员工，要去维护国格，不要出尽洋相。

你们将来这些年轻人，真正想成功的话，你要看到行为、格局、形象非常关键（即行为自信）。

第三个自信是能力自信。2002年，美国跟我打反倾销官司。他们的工作组进我们公司，我们计算机系统打开，你看什么就打开什么，我们的财务制度非常完整，一个包装箱用多少木材、多少根铁钉、铁钉多长、一斤多少根，我都有数据，他们根本不相信我们做这么细。

在这之前，1976年进厂，1983年承包的七年时间里，大多数常驻福州，没有事情干，读书的同时学会计。后来我发现，把会计制度建立完整是非常美的事情。1987年办福耀玻璃的时候，（我）就不断升级会计制度。1999年，就用Oracle（甲骨文）系统，我们信息集成数据的报表都是用这个做的。

会计工作对企业有很大帮助，企业必须把账做完整。一、向国家交代。我卖了多少、赚了多少、应该交多少税；二、向银行交代。我会跟银行介绍经营状况，是赚钱还是亏钱；三、向股东交代。钱进来的时候用在什么地方，现在还剩多少，赚还是亏；第四、对自己交代。能让自己更加自信。就这样渡过了难关，摆平了反倾销。

我跟美国人讲，中国是我的祖国，赡养父母是我的天职，尊重客人也是我的天职，我会遵守你的规矩。我在这里的企业，你随时都可以来看、来参观，这里也展现出我们中国企业的素养和水平。

有的人说曹德旺没有文化，我说你根本就不懂什么叫文化。文化跟知识是"道"跟"术"的区别。你学的会计、计算机应用、机械设计……各种专科，这是"术"，文化是"道"，讲不清楚、看不到、摸不着，但是无处不在，好像雾化在空气中一样。你要长期积累沉淀才能悟到。你真正有文化，看问题就跟别人不一样。因此说，做企业必须具备文化自信。（这就是我讲的第四个自信。）文化是一种信仰，一种修行，一种修炼，一种经营的积累，当然也需要技术专业的支持。

我从开始做汽车玻璃，从开始建厂，立志为中国人做一片玻璃。我跟员工上课这样讲，这一片玻璃让中国人都用上，用得放心、用得开心，质量好且便宜，这一片玻璃我们销售到国际上，能够展示中国人的智慧跟水平。

　　高盛的亚太区董事长跟我说，你是我见过最自信的中国人。我保证做到敬天爱人，做到不犯"天条"，不犯众怒。所有的员工也好，社会各界也好，对曹德旺的评价都很好，这就是我一生的宗旨。

（选自2018年12月CCTV-1《开讲啦》，有改动。）

曹德旺：
品牌的价值与铸就

今天讲我创业的历程和一些体会，题目定为《品牌的价值与铸就》，分三部分。

第一，福耀玻璃品牌价值

大家知道福耀玻璃，但可能不知道福耀玻璃做什么？福耀玻璃是做汽车玻璃的，1987年在福州注册，当初我提议做玻璃，又请了四五个股东凑了100万（元），成立一个汽车玻璃厂。通过这25年的时间，福耀玻璃在全球建立起34家子公司，在中国十多个省市建了工厂，而且都是各省市的重点企业。

福耀玻璃今天在中国汽车玻璃中占70%的份额，是全球八大汽车厂（宝马、宾利、路虎、奥迪等）的第一供应商，在全球汽车玻璃同行业稳坐第一把交椅，无论是供应量还是企业效益。我们的财报显示，去年（2011年）主营业务收入是96.68亿（元），税后净利润是15.7亿（元），今年一季度销售22.5亿，净利润3.52亿（元）。

回顾以上取得的业绩，今天，福耀玻璃能够立于不败之地，在现有危机下取得这样的成绩，靠的是福耀玻璃已经成为全球汽车玻璃的知名品牌，这是品牌价值。

第二，对品牌的认识

人品、产品、品位、品质，连在一起就是品牌。

我爸当年做生意，做得很好，我跟他做生意，每天吃饭时，他把做生意的感想告诉我。小时候我爸就跟我讲：中国的文字是象形字，"口"这个字是没有简写的。他的意思是告诉我，你在讲话时，开口一定要慎重，对位置比你高的，千万不要去赞扬、奉承人家，这个对人品会有影响；位置比你低的人，你认为不满意的，也不要轻易表态。因为你不是最高水平，你的讲话也会影响到你的声誉。后来我做企业，就想到我爸讲的这句话，是很对的。

品牌是什么？

第一是人品，"品"是三个"口"，三人为"众"，三个"口"就是众口。你去做，让他们来评判，这叫人品，人品是这样做出来的。那么你必须坚持塑造企业的信誉度、美誉度，做任何事情应该经得起人家圈点和评判。做品牌的第一品是人品。

第二是产品，也就是企业的战略定位问题。战略定位是什么？你准备投资什么？为什么会投资玻璃？是因为市场好还是因为你熟悉玻璃？什么决定你的投资方向？产品的服务对象是谁？对你的服务对象了解有多少？其爱好、特性是什么？最后是由谁来做、怎么做、什么时候做？这些东西就是产品，就是战略定位的问题，做之前应该认真研究这些问题，保证这些问题有效解决问题。从我的经验来看，产品很关键。

第三是品位，这涉及品牌的形象问题。这个问题就是要塑造企业和个人在社会上的诚信度、信誉度、美誉度。

员工也是我们的客户，怎样留住员工？就要考虑薪酬福利，企业的发展愿景，员工的个人发展愿景，企业的价值观和文化。

员工不仅享有一般的福利，在家庭遇见紧急情况时我们也要给予帮助和关怀。这样做不单单是钱的问题，而是形成一种文化，对公司价值的认同，什么时候有事，集团都可以帮你解决。

品味，我们做生意要讲诚信，真正做到童叟无欺，真正让员工体会到跟我们在一起的价值，受社会尊重。

第四是品质，就是产品质量。产品质量没有最高，只有更高，但最高的质量是什么呢？稳定，稳定在一条线上，不要一下子跳上去，一下子再跌下来，跟过山车一样。超过这个质量标准，到这个线，就保持下去，不要一下子冲上去，跌下来，我不接受。

质量稳定是由体系控制的，不是设计出来的，不是老板用高压手段能解决的。体系控制用什么来保证？很简单，选你所做的，做你所选的。必须有非常严格的纪律性，归纳为一句话：企业的品质、产品的品质反映企业的综合素质。

质量管理是一个系统工程，比如我今天来到工厂门口，保安上来就说"你是干什么的，车子停旁边去"！我就很不高兴了，我买你的东西，你怎么能这样对待我？这一单生意就怪在这个保安身上了，你应该客气一点，"你到这里找谁？"我们企业员工从上到下，都是有系统的培训，每一个人对品质都有一定的管理。从人品、产品、品位到品质，四个"品"连在一起，这就是我对品牌的认识。

品牌是怎么铸就的？

用佛家六度，"布施、持戒、忍辱、精进、禅定、智慧"塑造品牌。

我是很虔诚的佛教徒。回顾我从业一生，我很自豪的是：在现有政策环境下，把企业做强做大，变成国际知名品牌，而且我没有敷衍了事，该尽的职责都尽了，我会履行公民职责。怎么做？我以"六度"作为自己的行为指南：

第一是布施。布施有三类，财施、法施和无畏施。按照佛家的理论，财施是最小的，建议财施最好隐性布施，就是做好事不要留名，让人知道了就不好，就没有功德。

我最初做福耀玻璃的时候，不是为了钱，我认为中国人应该有一块自己的汽车玻璃。那时，我刚刚知道布施。

在做的过程中，因为佛门提倡众生平等、心怀慈悲、谦虚诚实、尊重他人、上下一致，这都是一种慈善范围，在慈悲地布施。

第二是持戒。佛家的戒相当于儒家的礼，佛门要求遵守法律法规的同时，个人要戒贪、戒痴、戒嗔、戒赌、戒色。我很自豪地说，我不做这些事情，我不会赌钱，我也不贪。我坚定地知道做该做的事情。刚刚走向社会做汽车玻璃时，是从不为向有为过渡；学会有为以后，我知道还应该有所为有所不为。

为了这一块玻璃，我承诺，我们为中国人去做一片玻璃，让所有中国人能用上我的玻璃。这一片玻璃代表着中国人的形象，外国人能做到的，我们也能做到。我们就本着这个理念来经营公司。

第三是忍辱。用这种心态应对一切，你就能取得更高的成就。

第四是精进。生命不息，奋斗不止。精进就是精益求精，要持续创新。福耀玻璃最早引进中国第一条汽车玻璃生产线时，我们提出，引进设备要消化技术，在消化技术的基础上，我们必须要有自己改进创新的技术、要有自己的制造能力。福耀玻璃今天成为全球第一大汽车玻璃工厂，如果自己不会做设备，就没有这么强的竞争力。

第五是禅定，淡泊名利。我向社会承诺，向我的股东承诺，我只做汽车玻璃。我做什么事情，都会从企业角度评估可不可以做，怎么做；但个人问题我随遇而安，不会计较。

第六是智慧。智慧跟聪明有差别。2008年金融危机之前，我每天早上上班坐在汽车上听新闻，从国际贸易摩擦到政府环保、交通新法规出台，再到人民币汇率浮动，我们会根据这些做测算，我们做了多少，其他企业做了多少，交通法实施会有多少影响。我们通过这些现象去测算，2007年我们把各公司总经理调回来，采取几个措施：清理在建项目，已经开工正在建设的抓紧完工；促进现金回流，当时我们现金流负债率达67%，提出两年把负债率降下来；根据测算，危机来的时候，我们展开了一场自救运动，关闭预期会亏损的企业，因此在经济红火的时候我关掉了四条生产线，损失了十几亿，很多人不理解，说这个动作太大，我说十几亿亏得起，等你开始亏的时候亏不起，这是智慧。

通过这些努力，福耀玻璃品牌建立起来了，去年（2011）净资产收益率到35%，位居中国第一。就是因为我的政策实施有效。负债率降下来的时候，财务成本大幅下降，配合整个自救政策的实施，这就是智慧的做法。

今天福耀玻璃能够常青不倒，靠的是品牌；品牌是怎么做成的？首先要有信念，把信仰作为永恒不变的信念，围绕这个信念去做事，才会让自己的基业常青。

（节选自2012年4月曹德旺在北京大学光华管理学院的演讲，有改动。）

大事记

1987年，福建省耀华玻璃工业股份有限公司注册成立。

1989年，福耀玻璃开始向中国香港配件市场出口汽车玻璃。

1993年，福建省耀华玻璃工业股份有限公司获准在上海证券交易所挂牌上市。

1993年，福耀玻璃在上交所上市。

1994年，福耀玻璃在美国建立基地。

1994年12月，福耀玻璃（香港）有限公司在中国香港注册成立，注册资金4368万港币。

1994年7月，福建省万达汽车玻璃工业有限公司注册成立，注册资金25050万元人民币，位于福州福清市融侨经济技术开发区福耀玻璃工业村，占地面积170亩。

1994年3月，福耀玻璃集团（福建）机械制造有限公司注册成立，原名福建耀华汽车配件有限公司公司。注册资金为3400万美元，位于福清市融侨经济技术开发区福耀玻璃工业村。

1995年，福耀玻璃工业集团股份有限公司组建集团。

1996年10月，福建福耀玻璃浮法玻璃有限公司在福州注册成立，注册资本为4000万美元，位于福清市西北部，福厦路及高速公路之间，占地面积约800亩。

1999年，福耀玻璃集团作为中国最大的汽车玻璃专业供应商，被推举为中国汽车安全玻璃协调委员会主任单位，董事局主席曹德旺先生当选为首届主任。

2000年9月，福耀玻璃集团长春有限公司在长春注册成立，注册资金26000万元人民币，位于吉林省长春经济技术开发区，占地面积298亩。

2001年4月，福耀玻璃（重庆）配件有限公司在重庆市注册成立，注册资金为8000万元人民币，占地面积150亩。

2002年4月，福耀玻璃集团（上海）汽车玻璃有限公司在上海市嘉定汽车工业园区内注册成立，注册资金为3000万美元，占地面积280亩。

2003年4月，福耀玻璃集团北京福通安全玻璃有限公司在北京市通州区注册成立，注册资金为990万美元，占地面积338亩。

2003年8月，福耀玻璃集团双辽有限公司在吉林省双辽市注册成立，注册资金为1000万美元，占地面积1300亩，主营业务为平板玻璃的生产与销售。

2003年10月，福耀玻璃集团通辽有限公司在内蒙古通辽市注册成立。注册资金为10000万元人民币，占地面积300亩，主营业务为平板玻璃的生产与销售。

2003年，福耀玻璃集团（福建）工程玻璃有限公司注册成立，总投资约3亿元，2004年10月动工兴建，占地面积34370平方米，建筑面积31852平方米。

2004年3月，福耀玻璃重庆有限公司注册成立，注册资金1200万美元，占地面积178亩。

2004年度，入选第五届"中证·亚商中国最具发展潜力上市公司50强"第7位。列《新财富》中国"最具成长性公司"100强第12名。

2004年度，福耀玻璃股票进入上证50指数样本股。

2004年度，福耀玻璃股票被《新财经》杂志社选为"漂亮五十"——最具成长性的50家蓝筹A股上市公司。

2004年度，福耀玻璃集团董事会被评为"2004年十佳董事会的公司"。

2005年，福耀玻璃成为奥迪供应商。

2005年3月，福耀玻璃（北美）有限公司在美国South Carolina注册成立。

注册资金为290万美元，全面取代原美国绿榕玻璃工业有限公司在北美的福耀玻璃汽车玻璃销售业务。

2005年，再次入选第五届"中证·亚商中国最具发展潜力上市公司50强"第7位。

2005年11月，福耀玻璃在中国首届企业公民大会上荣获"中国最佳企业公民"称号。

2005年12月，集团董事长曹德旺荣获"中国企业商标50人"称号。

2006年5月，福耀玻璃海南浮法玻璃有限公司在海南省海口市注册成立，一期项目投资计划为7亿元人民币。主营业务为浮法玻璃生产、销售及加工。

2006年6月，广州福耀玻璃有限公司在广州注册成立，注册资金为3000万美元，总投资7481万美元，占地面积372亩。

2006年7月，福耀玻璃（福建）汽车配件有限公司在福清注册成立，注册资金1000万元人民币。

2006年10月，福耀玻璃（福建）巴士玻璃有限公司在福清注册成立。

2007年3月，上海福耀玻璃客车玻璃有限公司在上海市嘉定区注册成立，注册资金1000万人民币，建筑面积50000平方米，生产特种玻璃及销售本公司产品。

2007年11月，福耀玻璃（湖北）有限公司注册成立。

2007年，福耀玻璃韩国株式会社在韩国仁川市登记注册。主营业务为汽车用玻璃产品的制造、批发及进出口。

2008年，福耀玻璃日本株式会社在日本注册成立，主营汽车用玻璃制品的销售。

2011年4月，福耀玻璃（郑州）有限公司在河南郑州金岱工业园注册成立，经营范围为生产和销售汽车用安全玻璃零部件。

2013年，福耀玻璃宣布在俄亥俄州建设工厂的计划，该项目累计投资额超过7亿美元（约合50亿元人民币）。

2014年，福耀玻璃花费1500万美元买下美国通用汽车位于俄亥俄州代顿市的一家装配厂，将其改造为一座18万平方米的玻璃制造厂。工厂于2016年投产，迄今投资已经超过7亿美元。

2014年7月，福耀玻璃成立福耀玻璃美国伊利诺伊有限公司，收购世界汽车玻璃巨头PPG公司旗下芒山（Mt.Zion）工厂，包括土地、厂房、两条浮法玻璃生产线设备等。福耀玻璃集团在美国密歇根州有附件装配工厂以及产品设计中心，并在多个州设立了销售部门。

2016年，福耀玻璃美国工厂投产。

2017年，福耀欧洲公司奠基。

2018年底，福耀欧洲公司新厂在德国海尔布隆竣工投产。

2019年9月，入选工业和信息化部绿色工厂名单。

2019年，中国民企500强上榜（第451名）。

2019年，"一带一路"中国企业100强榜单排名第100位。

2019年，"2019福建民营企业100强"第22位。

2019年，"2019福建民营企业制造业50强"位列第10位。

2020年1月4日，获得2020《财经》长青奖"可持续发展普惠奖"。

2020年1月9日，胡润研究院发布《2019胡润中国500强民营企业》，福耀玻璃以市值550亿元位列第120位。

2020年1月3日，上榜2019年上市公司市值500强，排名第224。

2020年1月11日，"2019中国企业社会责任500优榜单"发布，福耀玻璃工业集团股份有限公司位列第31位。

2020年5月10日，"2020中国品牌500强"排行榜发布，福耀玻璃排名第468位。

2020年5月12日，人民日报中国品牌发展研究院发布"中国品牌发展指数之中国企业社会责任领先指数"，排名第40位。

2020年6月28日，入选"2020年福建省工业和信息化省级龙头企业名单"。

2020年7月27日，位列2020年《财富》中国500强排行榜第442位。

2020年9月10日，位列"2020中国制造业民营企业500强"第278位。

2020年9月16日，入选由中国机械工业联合会、中国汽车工业协会发布的"2019年中国汽车工业零部件三十强企业"名单，排名第15位。

2020年9月10日，中华全国工商业联合会发布"2020中国民营企业500强"榜单，福耀玻璃工业集团股份有限公司排名第482位。

2021年5月19日，福耀玻璃工业集团股份有限公司发生工商变更，注册资本由约25.09亿人民币增至约26.10亿人民币，增幅约4%。

2021年6月，获得福建省委和省政府授予"福建省优秀民营企业"称号。

2021年7月12日，入选商务部等八单位公布的第一批全国供应链创新与应用示范企业名单。

2021年12月6日，福耀智能全景天幕获2021铃轩奖金奖。

2021年11月，曹德旺获颁"复旦企业管理杰出贡献奖"。

2021年12月，曹德旺获评"25位年度影响力企业领袖"终身成就奖。

2022年1月10日，曹德旺获评"2021年中国民营经济十大新闻人物"。

2022年11月19日，福耀科技大学（筹）首栋大楼——明德堂及行政楼主体结构封顶仪式在福州举行。

2023年3月，财富中文网发布《2023年中国最具影响力的50位商界领袖》榜单，曹德旺排名第10位。

参考文献

[1] 丛刚.国际投行高盛否认"斩首式"并购福耀玻璃引资提速扩张[N].21世纪经济报道,2006-12-12.

[2] 曹德旺.县级中小企业改革的探讨——关于福清市直属十四家企业的调查[J].中国经济问题,1993(02):54-57.

[3] 曹德旺.WTO对中国汽车工业的冲击是有限的[J].世界汽车,2000(37):30-31.

[4] 曹德旺,川竹.苦难是我的宝贵财富[J].大众商务:创业版,2003(10):15-16.

[5] 曹德旺.汽车零部件全球采购的机遇与挑战[J].中华汽摩配,2004(05):20-21.

[6] 曹德旺.300%利润增长如何缔造?[J].经理人,2010(10):10-11.

[7] 曹德旺.企业怎么立品牌[J].环球人物,2011(32):55-55.

[8] 曹德旺.仁义礼智信是一种领导艺术[J].当代经理人,2010(09):14-14.

[9] 曹德旺.福耀玻璃愿为中国创造之先锋[J].国际广告,2010(01):26-26.

[10] 曹德旺.怎样在国际上做生意[J].中外管理,2011(12):72-73.

[11] 曹德旺,刘积仁,徐少春等.企业家精神:崛起与衰退之辩[J].

中外管理，2011（12）：84-86.

［12］曹德旺.向伟大的公司学习［J］.中国商人，2010（05）：55-55.

［13］曹德旺.几乎把一辈子的眼泪都流干后，我决定重新站起来［N］.中国经营报，2016-12-23.

［14］曹德旺.福耀玻璃集团董事长曹德旺参加首届中国企业国际化论坛上的对话，2014-11-23.

［15］曹德旺.塑造企业家的人格魅力［J］.福建论坛（经济社会版），2003（10）：19-21.

［16］曹德旺，王海杰.一块玻璃背后的信仰［J］.哈佛商业评论，2011（09）：58-66.

［17］曹德旺.心若菩提增订本.北京：人民出版社，2017.

［18］邓杰.福耀玻璃工业集团股份有限公司投资价值分析报告［D］.2004.

［19］董书礼.以市场换技术战略成效不佳的原因辨析及我国的对策［J］.科技与管理，2004（04）：1-13.

［20］费孝通.乡土中国［M］.北京：北京出版社，2004：30-31.

［21］傅光云，李峻岭.娃哈哈最新反击：向杭州仲裁委申请商标转让仲裁［N］.国际金融报，2007-06-14.

［22］福耀玻璃.福耀玻璃工业集团股份有限公司章程（草案），2013-10-11.

［23］福耀玻璃.福耀玻璃工业集团股份有限公司2020年年度报告，2021-03-30.

［24］福耀玻璃.福耀玻璃工业集团股份有限公司关于公司之全资子公司购买资产的进展公告，2019-02-28.

［25］曾兴.福耀玻璃反倾销的对策分析及对我国企业的启示［J］.企业文化旬刊，2011（09）：72.

［26］甘伟忠.中共地下党与1946年上海摊贩事件［J］.广西警官高等

专科学校学报，2012（06）：73-77.

[27] 侯丽，王宜兵.《大上海都市计划1946—1949》——近代中国大都市的现代化愿景与规划实践［J］.城市规划，2015（10）：16-23.

[28] 侯曙光.我国企业应诉国外反倾销的对策探析——以福耀玻璃集团为例的思考［J］.福建论坛：人文社会科学版，2007（02）：26-28.

[29] 黄中胜，刘原泉.福耀玻璃反倾销上诉案的启示［J］.WTO经济导刊，2004（03）：68-73.

[30] 胡美东，李大鹏.福耀玻璃集团成为德国奥迪全球汽车玻璃配套供应商［N］.中国日报，2005-06-01.

[31] 洪伟.中国企业国际化之路——以福耀玻璃美国工厂为例［J］.经营与管理，2020（04）：69-74.

[32] 姜抒好.浅析全球化背景下《美国工厂》折射出的深刻内涵［C］//2020年课堂教学教育改革专题研讨会.2020.

[33] 姜兵.加拿大征福耀玻璃24%反倾销税［J］.建材工业信息，2002（10）：55.

[34] 雷颐.留美幼童：艰难开辟留学路［J］.留学生，2010（02）：56-57.

[35] 凌燕，潘霓.遭反倾销之苦福耀玻璃国内圈地［N］.证券日报，2002-07-15.

[36] 陆一，江伟.法国圣戈班参股福耀玻璃纪实［J］.资本市场，1997（02）：36-41.

[37] 陆行，傅颀.家族企业代际传承的经济后果研究——基于福耀玻璃收购福建三峰的案例［22］分析［J］.现代商贸工业，2020（01）：110-114.

[38] 李明.积极防御才是真防御［N］.学习时报，2019-09-09.

[39] 李燕君，王芳，瞿继鸿，etal.曹德旺反倾销胜诉第一人［J］.人物周刊，2005（02）：111-111.

［40］李婷，吴凡.女婿接任福耀玻璃总经理曹德旺心中接班人却忙着创业［N］.每日经济新闻，2017-03-29.

［41］彭波.福耀玻璃（600660）汽车配件业的骄子［J］.股市动态分析，2004（Z2）：29-30.

［42］刘湲.福耀玻璃集团汽车玻璃美国市场分销渠道优化的策略研究［D］.华东师范大学，2016.

［43］刘晓立.曹德旺：中国首善［J］.时代邮刊，2020，No.361（07）：61-63.

［44］刘春娣.中国企业如何应对反倾销——关注福耀玻璃应诉反倾销事件［J］.河北联合大学学报（社会科学版），2004（01）：80-82.

［45］刘芳.中美贸易战背景下福耀玻璃美国市场分销渠道管理研究［D］.广西民族大学，2019.

［46］［美］纳西姆·尼古拉斯·塔勒布.黑天鹅：如何应对不可预知的未来管理［M］.北京：中信出版社，2018.

［47］马雪梅.福耀玻璃美国投资镜鉴［J］.江苏企业管理，2018（02）：41-43.

［48］《闽商》杂志社采编中心.跨越40年闽商创业史［M］.厦门：厦门大学出版社，2019.

［49］覃秘.福耀玻璃：四十年做一片玻璃［N］.上海证券报，2017-10-20.

［50］任蕙兰，金姬.富家接班那些事儿［J］.新民周刊，2012（20）：P.20-21.

［51］宋波.1946年上海摊贩抗争事件研究［D］.上海师范大学，2010.

［52］宋养琰.2001年中国GDP的数量分析——如何看待1.15万亿美元［J］.理论视野，2002（04）：10-12.

［53］吴晓波.激荡三十年：中国企业1978—2008年（上）.北京：中信出版社，2007.

［54］吴绵强.福耀玻璃集团税后利润30几亿元　资产增加美国贡献最大［N］.时代周报，2016-12-27.

［55］万润龙.杭州仲裁娃哈哈集团胜［N］.文汇报，2007-12-11.

［56］王来.中资走进德国布局欧洲市场［N］.第一财经日报，2014-10-15.

［57］王振昌.外国家族企业怎样选接班人［J］.董事会，2006（12）.

［58］王辉耀.2013—2015年中国企业投资美国新典范——福耀玻璃集团［M］.社会科学文献出版社，2015.

［59］王缨.曹氏传承［J］.中外管理，2012（02）：40-58.

［60］王欢，陈艾.唐骏：10亿标杆的价值［J］.商界：评论，2008（05）：150-151.

［61］徐志南，俞凤琼，俞镜淇.福耀玻璃集团：中国玻璃的全球化之路［N］.中华工商时报，2019-05-21.

［62］姚胜祥.1946年上海摊贩抗争运动始末［J］.党史文苑：纪实版，2007（06）：51-54.

［63］肖鸿扬.离异篇谁先抛弃了谁［J］.英才，2004（10）：87.

［64］杨晨.福耀玻璃反倾销应诉的启示与教训［J］.北大商业评论，2005（03）：104-105.

［65］郁振山.中国企业"走出去"的安全之路——福耀玻璃美国代顿工厂被投诉事件始末［J］.现代职业安全，2017，000（007）：86-88.

［66］赵李南，郭荣村.起底福耀玻璃的全球布局征战海外并非一帆风顺［N］.每日经济新闻，2019-10-31.

［67］周琳.曹德旺：执着产业报国梦一片赤诚"玻璃心"［N］.经济日报，2018-09-17.

［68］张瑞敏.精神的力量［J］.商周刊，2014（05）：23-24.

［69］张乐，裘立华，王小波.宗庆后后悔了［N］.经济参考报，2007-04-03.

［70］张艺.136亿分红之后，福耀玻璃的选择.界面新闻，2019-03-27.

［71］张宁.对贸易壁垒说"不"——福耀玻璃胜诉反倾销［J］.北大商业评论，2005（03）：96-103.

［72］张秀丹.后危机时代中小企业的生存与发展——福耀玻璃应对金融危机的启示［J］.中国证券期货，2010（08）：95-96.

［73］庄梦蝶.福耀玻璃赢了！——中国入世后反倾销"第一案"一锤定音［J］.开放潮，2002（09）：47-48.

［74］曾晓燕.福耀玻璃反倾销案对我国应对国际贸易摩擦问题的启示［J］.福州党校学报，2012（01）：37-41.

［75］钟国.中国入世谈判15年纪事［J］.浙江金融，2001（12）：11-11.

后记

1987年，福耀玻璃创建于中国福州，是专注于汽车安全玻璃的大型跨国集团。1993年，福耀玻璃登录上海证券交易所主板上市（A股代码：600660）。2015年，福耀玻璃登陆中国香港交易所上市（H股代码：3606），形成兼跨境内外两大资本平台的"A+H"模式的中国汽车玻璃制造企业。

经过30多年的发展，福耀玻璃已在中国16个省市以及美国、俄罗斯、德国、日本、韩国等11个国家和地区建立现代化生产基地和商务机构，并在中美德设立6个设计中心，全球雇员约2.7万人。

为了更好地介绍曹德旺与福耀玻璃的成功经验，本书共分为16章，以重彩浓墨的深描手法介绍了福耀玻璃的创建、战略转型、资本运营、组织变革、全球化战略、技术引进和消化、人才培养等。

第一，福耀玻璃发端于改革开放，没有改革开放，就没有福耀玻璃。

第二，曹德旺幼时与磨难为伴，但是不安分的曹德旺却经过自己的努力和打拼，证明了自己的能力和价值，同时也值得诸多家族企业学习和参考。

第三，勇于打破思维禁锢，敢于把想法付诸实践。20世纪70年代，作为农民的曹德旺居然是高山公社异型玻璃厂的召集人，这样破天荒的事情或许只有曹德旺这样的企业家才能做到。

第四，敢于担当，积极解决技术难题。当高山公社异型玻璃厂投产后良品率低下时，曹德旺积极寻求解决方案，甚至到上海借助上海耀华玻璃的技术人员，解决了技术难题。

第五，筹建的乡镇企业长期亏损，曹德旺敢于试错。高山公社异型玻璃厂长期亏损，面对困难，曹德旺迎难而上，承包高山公社异型玻璃厂，当年就实现盈利。

第六，注重中长期利益，反对"杀鸡取卵"。当合伙人利益最大化时，曹德旺力排众议，最终分道扬镳，为以后的合作打下坚实的基础。

第七，善于发现和抓住汽车玻璃的机会，变更赛道，挖掘潜在巨大的汽车玻璃蓝海市场。

第八，善于利用资本，把资本的效率最大化。曹德旺发现汽车玻璃的商业机会后，积极寻求资本，积极地引进新加坡的资本，并且把资本的效率最大化。

第九，引进独立董事制度，规范福耀玻璃的会计和审计，真正地做到合规经营。

第十，顺势而为，布局东北、重庆、上海等国内市场。

第十一，按照规则，积极应诉，成为首个胜诉反倾销的中国企业。

第十二，就近建厂，布局俄罗斯、德国、美国等全球市场。

第十三，传承有序，长子、女婿、职业经理人赛马相马，不拘一格降人才。

此外，本书不仅仅是一本标杆企业案例研究，更是一本内训教材，期望给中国4800万家企业的老板、高管、员工提供帮助。

这里，感谢"财富商学院书系"的优秀人员，他们也参与了本书的前期策划、市场论证、资料收集、书稿校对、文字修改、图表制作等。

以下人员对本书的完成亦有贡献，在此一并感谢：周梅梅、吴旭芳、吴江龙、简再飞、周芝琴、吴抄男、赵丽蓉、周斌、周凤琴、周玲玲、周天刚、丁启维、汪洋、蒋建平、霍红建、赵立军、兰世辉、徐世明、周云成、丁应桥、金易、何庆、李嘉燕、陈德生、丁芸芸、徐思、李艾丽、李言、黄坤山、李文强、陈放、赵晓棠、熊娜、苟斌、余玮、欧阳春梅，等等。

后记

　　在撰写本书过程中，笔者参阅了相关资料，包括电视、图书、网络、视频、报纸、杂志等资料，所参考的文献，凡属专门引述的，我们尽可能地注明了出处，其他情况则在书后附注的"参考文献"中列出，并在此向有关文献的作者表示衷心的谢意！如有疏漏之处还望原谅。

　　本书在出版过程中得到了许多教授、管理专家、上百位智库研究者、业内人士以及出版社的编辑等的大力支持和热心帮助，在此表示衷心的谢意。

　　由于时间仓促，书中纰漏难免，欢迎读者批评斧正。

周锡冰

2023 年 8 月 1 日于财富书坊